AF395020

© 2015

Originaltitel: „Jens Peter på kanten", 2014

*Herausgeber:* Bovbjerg Fyr, www.bovbjergfyr.dk

*Die Verfasser:* Majken Ørnbøll und Karl Bencke

*Grafik Design:* Tove Lisby, Strande

*Übersetzt ins DE:* Katrin Lück

*Herausgeber:* BoD – Books on Demand,
København, Danmark

*Herstellung:* BoD - Books on Demand GmbH
Norderstedt, Deutschland

*ISBN:* 9788771702194

Majken Ørnbøll und Karl Bencke

# Jens Peter am Rande

*- Eine Erzählung über einen Bovbjergjungen*

Bovbjerg Fyr 2015

# 1. Kapitel

"Tschüß, Jens Peter! Geh nun den direkten Weg zur Schule!"
"Ja, ja, Tante!" Jens Peter ärgerte sich darüber, an seinem
allerersten Schultag alleine zur Schule gehen zu müssen.
Alle anderen würden sicherlich von ihren richtigen Müttern
gebracht werden und er würde sich nun von allen abheben.
Jens Peter ging den direkten Weg zur Schule unten im Dorf
Ferring. Er war den Kiesweg zum Dorf schon hunderte Male
zuvor gelaufen und es waren nicht mehr als anderthalb
Kilometer von dem kleinen Haus, oder eher der Hütte, die
am Weg etwa hundert Meter von dem Steilhang und einige
hundert Meter vom Leuchtturm entfernt lag. Dort hatte er sein
kleines Zimmer unter dem Dach von Tante Simones Haus.
Hier wohnte er mit der Tante, ihrer Ziege, zehn Hühnern und
einem Hahn. Für die Kühe und die Schafe auf der Weide hatte
er heute keinen Blick übrig. Er beachtete nichts anderes als die
Schule und wie der Tag heute, der allererste Schultag, wohl
werden würde. Er fühlte sich auf gar keinen Fall in der vor ihm
liegenden Situation sicher.

Im Dorf Ferring wunderte er sich, dass er dort keine anderen
Jungs und Mädchen in Begleitung ihrer Mütter auf dem Weg
zur Schule traf. Aber als er die kleine Schulstube betrat, sah
er, dass diese bereits gut mit Kindern und Frauen gefüllt war.
Der Lehrer beendete gerade seinen Willkommensgruß. Die
anderen Kinder saßen brav hinter kleinen Tischen und ihre
Mütter standen schweigend, mit gespannten Mienen hinten im
Raum, während der Lehrer die Namen der Kinder aufrief. So,
nun kam er also nicht nur ohne Begleitung zur Schule, sondern
auch noch zu spät. Das war auch Tante Simones Schuld!

"Bist du alleine hier, Jens Peter?", fragte der Lehrer. Alle
schauten ihn an. Jens Peter war drauf und dran zu sagen:

Ja, so ist es wohl! Aber stattdessen sagte er nicht ganz
wahrheitsgemäß: "Ich soll von meiner Tante Simone grüßen.
Sie sagte, es gehe ihr heute nicht so gut."
"Ja, dann müssen wir für Simone wohl um baldige gute
Besserung hoffen. Du kannst dich jetzt neben Kristian setzen!"
Jens Peter kannte Kristian gut. Er war nicht der schlechteste
Banknachbar. Auch er war arm, hatte aber sowohl einen Vater,
als auch eine Mutter.
"Wie ist dein vollständiger Name, Jens Peter?", fragte nun der
Lehrer.
"Jens Peter Alexander Nevskij Knak!" Einige Mädchen entlang
der Fensterreihe kicherten hörbar. "Ich bitte um Ruhe!" Der
Lehrer sah sehr streng aus. Zu Jens Peter gewandt sagte er:
"Das ist ein feiner Name. Woher stammen alle diese Namen?"
"Jens ist mein Großvater mütterlicherseits, Peter hieß der alte
Pfarrer, Alexander Nevskij heißt das russische Schiff, das vor
Harboøre strandete und Knak heiße ich nach meinem Vater."
"Und wann ist dein Geburtstag?"
"Ich werde sieben im Sommer!"
"Und an welchem Datum, Jens Peter?"
"Das weiß ich nicht. Wir feiern keine Geburtstage."
"Ach so! Könnte es aber deine Tante wissen? Willst du sie zu
morgen fragen?"

Endlich hörte der Lehrer damit auf, mit Jens Peter zu sprechen
und er begann, an seine Eltern zu denken. Seinen Vater, den
er niemals kennengelernt hatte, und seine Mutter, die er zwar
kannte, aber an die er keine Erinnerung mehr hatte. Sie reiste
nach Amerika zu seinem Vater, als er gerade zwei Jahre alt
war. Seither hatte er von beiden nichts mehr gehört. Auch Tante
Simone sagte, dass sie von beiden nichts Näheres wüsste. Er
hätte nun wirklich lieber seine Mutter hier, als Tante Simone.

Nun begann der Lehrer über Buchstaben zu sprechen. Bereits
heute sollten sie einen lernen. Der Lehrer malte ein großes
A an die Tafel und danach ein kleines a. Der Lehrer verteilte
kleine Tafeln an alle Kinder. Sie durften diese mit nach Hause
nehmen, um das A und das a schreiben zu üben, aber sie
mussten gut auf die Tafel aufpassen, denn sonst müssten ihre
Eltern für eine neue bezahlen.
Jens Peter probierte, die A's mit dem kleinen Griffel auf seine
Tafel zu schreiben, aber es sah nicht gut aus. Ärgerlich warf er
die Tafel vor sich auf den Tisch.
"Die wollen einfach nicht, diese A's", sagte er, während der
Lehrer näher zu ihm kam.
"Nein, das erfordert Übung", sagte der Lehrer freundlich.
"Wenn du weiter fleißig übst, werden sie zum Schluss auch
richtig gut!"
"Das glaube ich nicht", antwortete Jens Peter. "Ich schaffe es
sicher nie, die Buchstaben gut hinzubekommen!"
"So hör doch, ich kenne viele Kinder, die anfangs ganz schiefe
Buchstaben schrieben. Aber
dann übten sie mit großer
Mühe und zum Schluss glückte
es auch! Du wirst es bestimmt
auch noch lernen."

Jens Peter war alles andere
als überzeugt. Er verschränkte
seine Arme vor sich über Kreuz.
Für heute musste das genug
sein. Außerdem war es Pause.
Die Mütter nahmen Abschied
von ihren Kindern und die
Kinder holten ihre Pausenbrote

Foto:Tove Lisby

hervor. Jens Peter hatte kein Pausenbrot dabei. Tante Simone hatte es bestimmt nicht besser gewusst, weil es schon so lange her war, dass sie selbst die Schule besucht hatte, überlegte er.

Als die Kinder gegessen hatten, durften sie nach draussen gehen. Drei von den größeren Jungs bildeten einen Kreis um Jens Peter. "Wie heißt du doch gleich noch", fragte der eine. "Jens Peter Simonesen?" Die anderen lachten. Kristian kam dazu und forderte die drei auf, Jens Peter in Ruhe zu lassen, aber sie hörten nicht auf ihn. Sie fuhren fort: "Hörte ich richtig, dass dein Vater Knapp hieß...oder war es Klappe...oder Klatsche?" Auch andere Jungs stimmten nun in das Gelächter ein.

Jetzt hatte Jens Peter genug. Zielbewusst steuerte er zum Tor hin, öffnete es und schlenderte hinaus auf den Weg zum Steilhang. Er war frei. Er ging weiter bis direkt zum Rand und schaute hinunter. Konnte er von hier aus auf den Strand gelangen? Es war ziemlich steil, aber vielleicht ging es ja mit etwas Vorsicht. Er ließ die Beine hinunterbaumeln, um nach etwas Halt für die Füße zu suchen. Währenddessen hielt er sich mit den Händen an zwei Grasbüscheln fest. Seine Füße fanden keinen festen Tritt, aber

*Schule in Ferring, um 1920. Unbekannter Fotograf. Heimatarchiv Klinkby.*

plötzlich gaben die Grasbüschel nach. Er schwebte einen Augenblick durch die Luft, rammte dann die Lehmwand und schlug einen Purzelbaum und schlitterte schließlich ein ganzes Stück hinunter auf seinem Allerwertesten. So saß er dann ganz still. Das eine Knie und eine Schulter taten weh, aber er war an einer guten Stelle gelandet. Es war ein Loch im Steilhang, wie eine kleine Höhle. Von hier hatte er eine gute Aussicht über den Strand und niemand konnte ihn sehen, wenn er sich möglichst tief in das Loch hineinduckte. Auf jeden Fall nicht von oberhalb des Steilhangs.

Jens Peter blieb lange in seiner neuen Höhle sitzen. Er dachte darüber nach, wie sehr ihm die Schule bereits verhaßt war. Nein, er wollte nicht dorthin zurück. Warum sollte er wohl lernen, Buchstaben zu schreiben? Tante Simone schrieb nie und er selbst sollte ja wohl kaum Pfarrer oder Schullehrer werden? Es war sicherlich gut genug, Fischer zu werden, so wie sein Vater einer war. Oder vielleicht Leuchtturmwärter? Der Leuchtturmwärter war ein sehr angenehmer Mann, dachte Jens Peter, und er wurde langsam alt und dann musste sicherlich bald ein neuer gefunden werden? Sollte ein Leuchtturmwärter wohl A's schreiben können? Jens Peter überlegte, was er wohl seiner Tante erzählen sollte, wenn er nach Hause kam. Aber er würde doch besser den Schulschluss abwarten, bevor sie noch misstrauisch wurde.

"Na, bist du wieder da, Jens Peter", sagte die Tante, als er zu der schiefen Tür hineinschlurfte. "Was hast du denn heute in der Schule gelernt?"

"Ich probierte, A's zu schreiben, aber sie wurden alle krumm und nun möchte ich nicht mehr in die Schule gehen."

"Blödsinn, du gehst morgen wieder in die Schule oder du wirst mich kennenlernen!"

Jens Peter antwortete nicht. Er war froh darüber, dass seine Tante nicht mitbekommen hatte, dass er von der Schule ausgerissen war. Sie hatte auch nicht den Riss in seiner Hose entdeckt, den er sich beim Fall über den Steilhang zugezogen hatte und auch nicht den ganzen Lehm bemerkt, den er glücklicherweise fast von Hose und Pullover abgekratzt bekommen hatte.

Am nächsten Tag gab ihm Tante Simone ein Pausenbrot mit in die Schule. Jens Peter ging den staubigen Weg hinunter zum Dorf. Aber als er nicht mehr in Sichtweite der Hütte war, wechselte er die Richtung und ging direkt zum Steilhang. Er hatte einen bequemeren Weg zu seiner Höhle gefunden. Er musste keine Purzelbäume mehr auf dem Weg dorthin schlagen.

So saß er dort und der ganze Schultag lag vor ihm. Es war herrlich, dass er sich mit keinen hässlichen Buchstaben herumplagen musste. Fast alle Kinder waren blöd und das war der Lehrer auch. Stattdessen konnte er jetzt hier sitzen, auf die Schiffe schauen, die vorbeisegelten, und über alles mögliche nachdenken. Denk nur, wenn auch er herauskommen könnte und segeln! Aber dafür war er vielleicht doch noch zu klein. Er erinnerte sich, dass er sich einmal davongeschlichen hatte, um auf einem Fischkutter mitzufahren. Zuerst hatte er einen Fischer direkt gefragt, ob er mitkommen dürfe, aber der hatte nur gegrinst und gesagt, dass er warten müsse, bis er viel größer sei. So legte er sich an einem frühen Morgen unter ein Segeltuch im Vordersteven, bevor die Fischer an Bord gingen. Sie entdeckten ihn erst eine halbe Stunde später, aber da waren sie schon weit draussen auf offener See. Zunächst bekam er eine Kopfnuss vom Bootsmannführer, aber später war die Mannschaft viel freundlicher und zuletzt erlaubten sie ihm sogar zu helfen und die Netze mit einzuziehen. Er bekam einen kleinen Dorsch geschenkt, den er mit nach Hause nahm. Tante Simone freute sich überhaupt nicht über den Dorsch. Im Gegenteil, erst bekam er eine Ohrfeige und dann gab es wegen seinem Ungehorsam noch eine Standpauke.

Jens Peter hatte schon oft Probleme bekommen wegen seines Drangs, zu entdecken und das eine oder andere zu erforschen. Einmal wollte er den Brunnen erkunden, aber fiel hinein. Glücklicherweise kam ein Fischer vorbei und warf ihm ein Tau zu. Danach bekam er viele Schläge von Tante Simone.

Ein anderes Mal wollte er in die Kirche gehen. Tante Simone ging nie in die Kirche und so ging er an einem Sonntag allein dorthin. Er setzte sich inmitten aller Frauen und erst danach bemerkte er, dass alle Männer und Jungs auf der anderen Seite saßen. Einige Mädchen, die er kannte, kicherten verstohlen über seinen Fehler. Der Mann in dem schwarzen Kleid musste der Pfarrer sein, denn er sah sehr feierlich aus. Den anderen Mann kannte er. Es war der Lehrer. Er sang höher als alle anderen und klang fast wie Tante Simones alter Hahn, fand Jens Peter. Der Pfarrer krabbelte hinauf in einen fein geschnitzten Kasten und dort stand

*Kirche in Ferring, Foto: Tove Lisby*

er lange und sprach mit sich selbst. Zum Schluss wurde er sogar richtig wütend und Jens Peter verstand nicht warum. Er begann sich ernsthaft zu langweilen. "Nun gehe ich" sagte er und stand auf. Einige lachten still vor sich hin, andere sahen verblüfft aus, aber niemand hinderte ihn daran, sich durch die Kirchenbänke zu quetschen und mit seinen fast neuen Holzschuhen über den Kirchenboden hinauszulaufen. Aber als Tante Simone sein unglückliches Auftreten in der Kirche zu Ohren bekam, wurde sie sehr wütend und gab ihm eine Ohrfeige.

All dieses konnte jedoch Jens Peters Drang, die Welt zu erkunden, nicht dämpfen. Und eines Tages erdachte er, dass er das Leben in der großen Stadt, Lemvig, erleben möchte. Er trottete davon und kam endlich zu den schmalen Gassen mit den hohen Häusern und vielen eiligen Menschen, die es fast versäumten, einander im Vorbeigehen zu begrüßen. "Du bist wohl nicht hier aus der Stadt", sagte ein Polizist zu ihm und Jens Peter erklärte, woher er kam. Der Polizist nahm ihn mit auf das Polizeirevier. Hier bekam er ein Glas Saft mit Wasser verdünnt und etwas Gebäck. Er durfte dann mit einem anderen Polizisten fahren, der etwas in Ferring zu erledigen hatte.

An alle diese Geschichten dachte er nun, während er in seiner Höhle saß. Hier war es wirklich schön. Er vermisste die Schule überhaupt nicht. Und er aß etwas von dem Pausenbrot, dass ihm die Tante gemacht hatte. Nun erblickte er den Strandvogt, der über den Strand lief, und er presste sich soweit es ging hinein in die Höhle, damit er nicht gesehen werden konnte. Der Strandvogt hatte einmal Tante Simone dabei erwischt, wie sie Pfähle und Stöcke am Strand einsammelte. "Weißt du nicht, Simone, dass es ungesetzlich ist, Holz vom Strand mitzunehmen?", hatte der Strandvogt gefragt. Simone hatte daraufhin geantwortet: "Wenn der Wind mein kleines Haus zerstört, ist es wohl nur recht und billig, wenn er mir etwas zurückgibt, damit es sich aufrecht halten kann." "Ja, ja, Simone, dann werde ich dieses Mal woanders hinschauen, aber pass gut auf, dass du es nicht übertreibst!" Der Strandvogt war so gesehen in Ordnung, aber er musste natürlich auch seine Arbeit machen und die bestand darin, die Ordnung am Strand aufrechtzuerhalten. Glücklicherweise war der Strandvogt nun nicht der Meinung, Jens Peter bemerkt zu haben. Wenn er ihn entdeckt hätte, wäre es seiner Tante wohl zu Ohren gekommen und dann würde er wohl wieder ordentlich Prügel beziehen.

Es vergingen einige Tage ohne dass Jens Peters kleine Schummelei entdeckt wurde. Alle Tage verbrachte er in seiner kleinen, angenehmen Höhle und ging erst nach Hause, als die Schule vorbei war. Aber an einem Tag, an dem er gerade wieder "von der Schule" heimkam, sah er zu seiner großen Verwunderung, wie der Lehrer hoch zur Hütte seiner Tante ging. Es war nicht angebracht, davonzulaufen und so ging er in die Küche, von wo er hören konnte, was sich in Tantes Stube ereignete.
"Ist Jens Peter krank?", hörte er den Lehrer fragen.
"Aber nein, Lehrer Nielsen, ihm geht es so gut wie immer", antwortete seine Tante unterwürfig.
"Das ist aber merkwürdig. Ich habe ihn seit Montag nicht mehr gesehen!"
"JENS PETER, KOMMST DU WOHL HIERHER!", brüllte nun seine Tante so laut nach ihm, dass es einem durch Mark und Bein ging. Jens Peter bewegte sich ganz langsam in die Stube

und dachte, dass das wohl kein gutes Ende nehmen würde.
Und er hatte richtig gedacht. Es endete damit, dass er drei
Tage Stubenarrest nach der Schule erhielt. Vom nächsten Tag
an würde ihn die Tante den ganzen Weg zur Schule begleiten.
In der Schule sollten dann zwei der größten Jungs die Aufsicht
über ihn führen, so dass er nicht wieder ausreissen könnte.

Die guten Tage in der Höhle im Steilhang waren vorbei.
Jens Peter war gezwungen, mit den anderen Kindern in der
Schulstube zu sitzen und Buchstaben zu malen und all das
andere zu machen, was er nicht verstand, wozu er es lernen
sollte. An einigen Tagen wurde er geärgert, an anderen Tagen
in Ruhe gelassen und nach und nach freundeten sich auch
die Buchstaben mit ihm etwas besser an. Aber es bereitete
ihm kein Vergnügen in die Schule zu gehen. Immer wieder
zwischendurch dachte er darüber nach, wie herrlich es
gewesen war, in der Höhle mit seinem
Pausenbrot zu sitzen und einfach über
die unendliche Weite des Meeres zu
blicken, Schiffe zu beobachten, die
vorbeisegelten, und die Strandvögel,
die hinfliegen konnten, wohin sie
wollen.

# 2. Kapitel

Drei Jahre waren nun vergangen. Jens Peter war inzwischen 10 Jahre alt und er ging jeden Tag zur Schule, aber niemals war er froh darüber. Der Lehrer meinte, dass er eigentlich gute Anlagen besäße, aber sein mangelndes Interesse und seine Streitbarkeit hatten dazu geführt, dass der Lehrer ihn fast aufgegeben hatte. Er durfte in einer der hinteren Bänke zusammen mit Kristian und ein paar anderen Jungs sitzen, über die sich der Lehrer nicht viele Gedanken machte.

Die beste Zeit des Tages war für Jens Peter, wenn er frei von der Schule hatte. Dann ging er nur selten den direkten Weg nach Hause zu Tante Simone. Fast immer wurde es ein großer Umweg. Manchmal zusammen mit Kristian, aber meistens alleine. Kristian war nicht so versessen darauf, auf dem Steilhang oder am Strand herumzustreifen. Und er spielte mit Mädchen - das war nicht so richtig was für Jens Peter.

Für Jens Peter lag der Reiz besonders in der Steilküste und dem Strand. Und nun ganz besonders, nachdem man begonnen hatte, Buhnen in das Meer hinaus zu bauen. Einige kollossale Buhnen sollten da draussen gebaut werden, um das Meer daran zu hindern, Jahr für Jahr mehr von dem guten Boden zu nehmen. Von seiner Höhle aus konnte Jens Peter dem Fortschreiten der Arbeiten unten auf dem Strand folgen. Zuerst wurden Pfähle mit einem riesengroßen Rammbock ein gutes Stück entfernt von der Küste in Reihen eingebaut. Die Pfähle kamen in großen Bündeln schwimmend und wurden von Schiffen gezogen, die sehr dicht unter Land fuhren. Später wurden sie dann an Land gezogen. Zwischen den Pfählen sollten Betonblöcke gestapelt werden und außerhalb der Pfähle sollten große Steine aufgeschichtet werden, die von ganz oben aus Norwegen geholt wurden. Der Buhnenbau hatte bei Ferring begonnen und nun waren die Arbeiten nach und nach bis hierher gekommen.

Es war bereits eine Bahnlinie gebaut worden, die fast an Tante Simones kleinem Haus vorbei und auf die andere Seite des Weges, hoch zum Leuchtturm führte. Es war eine Schlucht in den Hügel gegraben worden und weiter nördlich war ein enormer Damm entstanden, auf dem der Zug fahren konnte. Das war so gebaut worden, damit die kleine Lokomotive ihre Last nicht zu steil nach oben fahren musste, wenn sie mit all den kleinen Kipploren hinter sich bis ganz hinauf nach Bovbjerg fuhr. Der Werkzug sollte die Materialversorgung zu allen Orten sicherstellen, an denen es gebraucht wurde. Er hatte einen direkten Anschluss in Vejlby bei der großen Eisenbahn und fuhr von dort vorbei an dem Betongießplatz in Ferring und hoch zum Leuchtturm Bovbjerg. Ja, man erzählte sich sogar, dass die Bahnlinie bis zur Kirche bei Trans fortgeführt werden solle.

Jens Peter war schon oft mit diesem Werkzug gefahren. Er schlich sich hoch zu einer der Kipploren, wenn keiner es sah, und dann hatte er eine herrlich lange Fahrt bis zu dem Moment, wenn der Zug stoppte und er doch entdeckt wurde. Wenn er ausgeschimpft wurde, rannte er fort und entging einer Strafe.

Viele der Arbeiter waren aber ganz nett. Sie wurden „Bürsten" genannt und sie waren fast alle Wanderarbeiter, die an harte Arbeit gewöhnt waren und dann nach der Arbeitszeit gerne mal einen

*Die Wanderarbeiter "Bürsten" bei ihren Quartieren, den Bauhütten, um 1920. MIJF*

über den Durst tranken. Sie wohnten in kleinen Bauhütten, die dicht nebeneinander standen, aber sie benutzten sie nur zum Schlafen und um ihre paar Habseligkeiten darin aufzubewahren. Sie arbeiteten bis spät am Abend, in der Regel bis zum Einbruch der Dunkelheit. Gab es nur irgendwie gutes Wetter, versammelten sie sich gerne um ein Lagerfeuer, von dem aus man dan Gesang und lautstarke Gespräche vernahm. Tante Simone hatte Jens Peter verboten, sich den „Bürsten" zu nähern, wenn sie eines ihrer „nächtlichen Gelage" veranstalteten. Die meisten waren recht harmlos, aber andere waren auch etwas sonderbar.

Der Zug brachte Bauholz und Zement aus Vejlby. Auf dem Betongießplatz wurden kleine und sehr große Betonblöcke gegossen. Sand und Kies wurden vom Strand geholt. Die Blöcke wurden weiter mit dem Zug transportiert und von der Steilküste wurden sie dann über Schienen und mit Hilfe von Aufzügen hinunter zum Strand transportiert. Jens Peter befand für sich, dass das gut durchdacht war. Waren es wirklich die „Bürsten", die sich das ausgedacht hatten?

Es war richtig toll, den Bauarbeiten oben von der Höhle aus zu folgen. Wenn er oder die anderen Kinder zu nahe an die Arbeiten am Strand herankamen, wurden sie sogleich fortgejagt. Sie sagten, es sei zu gefährlich, dass Kinder zwischen den großen Maschinen herumrannten.

Weiter oben beim Leuchtturm befand sich auch ein feiner gebautes Haus. Es stand nicht weit entfernt vom Steilhang und gleich bei der Bahnlinie mit den Kipploren. Das Haus war wie die Bauhütten der „Bürsten" aus einfachen Brettern gezimmert, aber es war viel größer, hatte mehr Fenster und eine fein gezimmerte Eingangstür. Über dem Fenster des Giebels direkt zur Meeresseite hing ein Brett mit fein ausgeschnitzten Buchstaben „BLÆSBJERG". Offensichtlich war dort jemand eingezogen, da Jens Peter an einem Tag beobachtete, dass Rauch aus dem Schornstein aufstieg.

Jens Peter näherte sich vorsichtig dem Haus, denn er wollte wissen, wer dort wohnte. Natürlich hätte er einfach an die Tür klopfen können, aber das traute er sich irgendwie nicht. Er würde sicherlich nur davon gejagt werden.
Auf einer der Seiten befanden sich keine Fenster, so dass er sich dort soweit vorbeischleichen und dann unter eines der Fenster kriechen konnte. Er hoffte, dass er von dort etwas aus dem Haus hören konnte. Es sprachen dort drinnen Leute.
Es klang wie ein Mann und eine Frau, aber worüber sie sich unterhielten, verstand Jens Peter nicht. Plötzlich öffnete sich die Tür, ein Mann trat heraus und schaute hinauf in den Himmel.
„Hast du gesehen, Olga, wie herrlich es hier draussen ist?", sagte er. Jens Peter erschrak so sehr, dass er niesen musste. So wurde er entdeckt.

„Hallo du!", sagte der Mann, „was tust du hier?" Jens Peter fand darauf keine Antwort und schwieg.
„Hast du dich erkältet?", fragte der Mann lachend. Jens Peter fand nicht, dass das zum Lachen war. Machte sich der Mann etwa lustig über ihn? Er antwortete noch immer nicht.
„Aber, Ingemann, was ist das doch für ein armes Kind, das dort sitzt?"
„Ich weiß es nicht, Olga, er ist nicht sehr gesprächig."
„Wie heißt du und wie lange hast du hier schon gesessen?", fragte nun die Dame in einem Tonfall, den Jens Peter nicht deuten konnte.

„Was geht euch das an!" brach es aus ihm hervor. Er stand auf und ging ruhig davon und  konnte noch hören, dass die beiden etwas zueinander sagten und beide lachten.

Als er weit genug entfernt war, setzte er sich und dachte nach. Was waren das für Leute? Sie waren beide gut gekleidet und sie sprachen ganz anders, als er es gewohnt war. Vielleicht waren das welche von dem „Bürgerpack", von denen Tante Simone erzählt hatte. Auf die solle man achtgeben. Sie ähnelten jedenfalls nicht den „Bürsten".
Sie hatten ihn beide ausgelacht. Besonders das Lachen des Mannes hatte ihm nicht gefallen. Das war etwas anders bei der Frau. Aber sie hatte gesagt „armes Kind", so als wäre er noch ein Säugling! Sie hatte ansonsten sehr hübsches Haar, fast wie Gold!
Sie waren beide noch recht jung und man hätte sie für Badegäste halten können, wie die Feinen im Badehotel. Sie sprachen nicht die Sprache der Gegend. Vielleicht kamen sie ja ganz aus Kopenhagen? Aber warum wohnten sie dann in einem kleinen Haus am Leuchtturm ganz für sich allein?

Am nächsten Tag konnte sich Jens Peter nicht zurückhalten, das rätselhafte Haus erneut aufzusuchen. Auch heute stieg wieder Rauch aus dem Schornstein. Wieder schlich er sich ganz bis an das Haus unter das schon bekannte Fenster. Es sprach niemand darin, aber zwischendurch schien es, als würde eine Frau summen. Plötzlich sah er ein paar schlanke Arme mit einer Wasserschüssel am Fensterrand auftauchen und bevor er noch ausweichen konnte, war er triefnass.
„Nein, oh Gott! Sitzt du dort!" Die Frau war ebenso erschrocken wie Jens Peter. „Das musst du mir wirklich verzeihen! Das war nicht mit Absicht! Komm herein, dann trockne ich dich ab!"

Jens Peter folgte widerwillig in das Haus. Die Frau kam mit einem strahlend weißen Handtuch zu ihm.

„Setz dich hierher, dann kann ich dich abtrocknen!" Jens Peter setzte sich und ließ sich sein Haar trocknen. Das war eigentlich kein schlechtes Gefühl. Es war ganz anders, als bei Tante Simone. Wenn es ihr überhaupt mal beliebte. Was für weiche Bewegungen diese Frau machte. Und dann duftete sie ganz speziell. Ein Duft, den er noch nie zuvor wahrgenommen hatte.

„Das warst du doch gestern!", sagte die Frau. „Willst du mir nicht sagen, wie du heißt?" Jens Peter wand sich auf dem Stuhl und schaute nach unten zum Boden. „Kannst du nicht sprechen? Sag deinen Namen!"

„Jens Peter!"

„Das war gut, Jens Peter! Wie heißt du weiter?"

Jens Peter zögerte kurz und dann: „JENS PETER ALEAXANDER NEVSKIJ KNAK!"

Die Frau war kurz davor zu lachen, sagte dann aber ernsthaft: „Das ist ein sehr flotter Name. Und ein schöner Name." Jens Peter schaute empor. Sie hatte eigentlich recht freundliche Augen, diese Dame.

„Ja, und ich heiße Olga Johanne, aber mein Mann nennt mich nur Olga. Bleib einfach dort sitzen, dann gehe ich und mache einen Kaffee", sagte sie. „Du reisst nicht aus, nicht wahr?" Jens Peter zwang sich ein kleinlautes „Nein" über seine Lippen.

Sie ging hinaus in die Küche und Jens Peter überlegte, ob er nicht doch die Gelegenheit ergreifen sollte, aus der Tür zu fliehen. Aber nun hatte er es ja versprochen zu bleiben, also schaute er sich stattdessen in der Stube um. Das war wohl hier etwas ganz anderes als zu Hause bei Tante Simone. Hier lagen Teppiche auf dem Boden und eine Masse von Büchern war an einer Wand aufgereiht. Es gab zahllose Bilder an den

Wänden und die Stühle waren weich gepolstert. Es war fast
so vornehm, wie beim Leuchtturmwärter Hansen. Dort war er
ein einziges Mal gewesen, nachdem er geholfen hatte, des
Leuchtturmwärters Truthahn einzufangen. Danach wurde er
hereingebeten und er vergaß niemals den Anblick der Stube
des Leuchtturmwärters. Für Jens Peter war diese das Schönste,
was er je zu sehen bekommen hatte und dazu voller Magie.
„Hier kommt der Kaffee, Jens Peter! Und hier ist auch ein kleiner
Kuchen für dich." Die Dame lächelte und setzte das Tablett auf
den Tisch. „Ja, du musst mir Gesellschaft leisten, weil mein Mann
heute keine Zeit für den Nachmittagskaffee hat."
„Ist dein Mann eine Bürste?", erdreistete sich Jens Peter zu
fragen, nachdem er den Kuchen probiert hatte. Er sagte „Du"
statt „Sie", wie er es normalerweise zu sagen pflegte, wenn die
Gäste des Badehotels mit ihm sprachen.
Die Frau ließ sich aber nichts anmerken. Jetzt lachte sie
wieder. „Nein, bewahre! Er würde sich schon etwas wundern,

*Martin mit seiner Pfeife vor dem Haus "Blæsbjerg", um 1920. MIJF*

wenn du ihn so nennen würdest. Nee, er ist Ingenieur beim Wasserbauamt. Er beaufsichtigt die Arbeiten und sorgt dafür, dass alles, was die Bürsten tun, richtig ausgeführt wird."

„Und darum wohnt Ihr hier draussen am Steilhang?", fragte Jens Peter.

„Ja, das ist sehr praktisch, dass er so dicht bei den Buhnen wohnt. Man weiß nie genau, wann er schnell irgendwo gebraucht wird."

Jens Peter starrte auf seine ziemlich dreckigen Füße und die Frau des Ingenieurs schaute nun auch darauf und sagte: „ Wie oft wäschst du deine Füße, Jens Peter?" Er zog rasch die Beine unter den Stuhl und antwortete nicht.

„Du musst sie auf jeden Fall waschen, bevor du heute Abend ins Bett gehst. Sagt dir deine Mutter das nicht?"

„Ich habe keine Mutter!"

„Ach so, na dann dein Vater?"

„Ich habe auch keinen Vater!"

„Also hör mal, oh Gott! Bei wem lebst du denn dann?"

„Bei Tante Simone!" Er schaute zur Tür. Wenn er doch jetzt bloß entkommen könnte.

„Deine Tante sorgt aber schon gut für dich, ja?"

„Das weiß ich nicht. Sie macht sich nicht viel aus mir und ich mag sie auch nicht besonders!" Jens Peter erhob sich um zu gehen.

„Warte noch, Jens Peter, sollen wir nicht hinunter zum Strand gehen und meinen Mann begrüßen?"

„Nein, ich will nicht. Ich mag auch deinen Mann nicht besonders. Er verspottet mich." Bevor die Frau des Ingenieurs etwas entgegnen konnte, verschwand Jens Peter durch die Tür. Er rannte so schnell er konnte, solange bis er anhalten musste, um Luft zu holen.

Er hatte sich nicht für den Kaffee bedankt, aber das war auch egal. Die beiden konnten ihn mal. Nun würde er hinunter gehen und sehen, wie es voran ging mit dem Verbringen der Betonblöcke auf den Strand. Er sollte nur nicht dem Ingenieur begegnen.

*Buhnenbau draussen vor Bovbjerg, um 1920. MIJF*

# 3. Kapitel

Eine Woche lang vermied es Jens Peter in die Nähe des Hauses des Ingenieurpaares zu kommen. Und doch zog es ihn an wie ein Magnet. Er konnte diese beiden Menschen nicht aus seinen Gedanken verbannen. Besonders an die Ingenieursgattin mit den schönen Haaren dachte er viel, wenn er allein umherstreifte oder wenn er abends vor dem Einschlafen im Bett lag. Sie war eigentlich sehr freundlich zu ihm gewesen, aber sie hatte ihn auch wegen seiner sehr dreckigen Füße kritisiert. Sie durfte nicht bestimmen, wann er sich zu waschen hatte! Und ihr Mann war noch viel schlimmer, so ein richtiger Wichtigtuer!

Eines Tages war er oben am Leuchtturm Bovbjerg, eigentlich überwiegend, um einen Blick auf „Blæsbjerg" zu erhaschen. Es gab eigentlich auf diese Entfernung nicht viel zu sehen. Der Leuchtturmwärter kam ihm entgegen und er wirkte, als hätte er richtig gute Laune.
„Guten Tag, Jens Peter! Hast du vielleicht Lust mit mir nach oben in den Leuchtturm zu kommen?"
Jens Peter war noch niemals zuvor oben im Turm gewesen und natürlich wollte er das gerne.
Was für eine Aussicht sich von dort oben vom Rundgang bot. Das Meer wirkte gleich viel größer von hier oben. Es wimmelte nur so vor Schiffen. Und in Ferring erblickte er nicht nur den Kirchturm, der hervorragte, sondern sogar jedes einzelne Haus. Südlich konnte man über Trans hinaus Fjaltring und den Nissum Fjord sehen. Der Fjord leuchtete.
Der Leuchtturmwärter erzählte ihm, dass er von hier oben achtzehn Kirchentürme sehen könne und er zeigte Jens Peter jeden einzelnen mit seinem Finger.
„Und genau dort unten haben wir ja das Haus deiner Tante. Von hier oben kann ich alles sehen, was Ihr tut!"

Jens Peter glaubte zunächst, dass der Leuchtturmwärter das im Ernst gesagt hatte, aber nun sah er ein verschmitztes Lächeln auf seinen Lippen. Dann hatte er also nur einen Spaß mit ihm gemacht!
Etwas weiter nördlich, ganz draussen am Rand des Steilhangs, sah er einen ganzen Stapel Pfähle liegen. Er fragte den Leuchtturmwärter, ob er wüsste, wozu all diese Pfähle benötigt werden.
„Das ist für den Buhnenbau", sagte der Leuchtturmwärter. „Aber zuerst müssen dort Nägel eingeschlagen werden."

An einem Samstagnachmittag nahm er den „Bovbjergexpress", wie alle den kleinen Zug nannten, um nach Ferring hinunter zu fahren. Er sprang auf den letzten Wagen auf, gerade in dem Moment, als sich die Lokomotive in Bewegung setzte. Zwei von den „Bürsten" saßen einige Wagen von ihm entfernt weiter vorne und sie hatten ihn entdeckt. Es war der „Delfin" und „Großmutters Spinnrad". Alle „Bürsten" wurden bei ihren Spitznamen genannt, denn das war wesentlich einfacher, als sich ihre richtigen Namen zu merken. Hörte man den Spitznamen, konnte man sogleich ein Gesicht dazuordnen. „Spinnrad" war schon einmal hinter Jens Peter her gewesen und nun sah er so aus, als würde er gerne seine Kralle nach ihm ausstrecken. Jens Peter dachte sich sogleich, dass es wohl ratsamer sein würde, vom Zug abzuspringen, bevor er in Ferring hielt. Er schaute sich nach einer Stelle um, an der er weich landen würde. Das klappte sogar ganz gut. Aber, oh! „Spinnrad" sprang um Himmelswillen auch vom Zug! Er war aber wohl etwas zu eifrig gewesen, den er verhedderte sich im Fallen. Jens Peter bekam dadurch einen schönen Vorsprung. „Spinnrad" sah wohl schnell ein, dass er den schnellfüßigen Jungen nicht einholen könnte und er begnügte sich damit, seine Faust hinter Jens Peter drohend zu erheben und ihm eine ganze Reihe sehr grober Schimpftiraden und Flüche hinterherzurufen. Jens Peter lachte im Stillen, denn nun musste das „Spinnrad" den ganzen Weg zu Fuß nach Ferring laufen. Aber ihm war auch klar, dass er bei der nächsten Begegnung mit ihm auf eine gewaltige Ladung Prügel gefasst sein müsste.

Dort wo er vom Zug gesprungen war, unten am Rande des Steilhangs, lag der Stapel Pfähle, den er vom Leuchtturm aus gesehen hatte. Auf einem der Pfähle saß ein Junge rittlings und schlug Nägel mit einem großen Hammer ein. Das war Søren Hat und er war etwas größer als Jens Peter. Die beiden hatten sich einmal geprügelt, halb im Spaß, halb ernsthaft und Jens Peter konnte Søren nicht besiegen.
„Was machst du da?", fragte Jens Peter. „Ich schlage Nägel ein. Das kannst du wohl sehen!"
„Bekommst du dafür Geld?"
„Glaubst du, ich bin schwachsinnig? Natürlich bekomme ich Geld dafür. Gestern verdiente ich vier Kronen und heute rechne ich sogar mit fünf! Wenn ich richtig gut werde, kann ich sogar sieben verdienen, sagen sie."
„Aber wozu soll das gut sein?"
„Das ist damit die Pfähle einen besseren Stand haben, wenn sie draussen im Wasser stehen. Dadurch werden sie nicht zerstört durch den Pfahlwurm und sowas. Es müssen mehrere tausend Nägel in jeden einzelnen Pfahl geschlagen werden, aber so halten sie dann auch mindestens dreißig Jahre. Das sagt der Vorarbeiter."
Jens Peter dachte sich, dass das leicht verdientes Geld sei. Er begann sich auszurechnen, was das wohl in einer Woche zu einem Verdienst führte. Ja, er konnte auf diese Art fast ein reicher Mann werden!

„Glaubst du, dass ich auch mit dem Einschlagen von Nägeln
Geld verdienen kann?", fragte er.
„Ich glaube, man muss mindestens 11 Jahre alt sein, also wird
es wohl nicht gehen", antwortete Søren.
„Aber darf ich es wohl mal probieren, Nägel einzuschlagen?"
„Nein, wenn die nämlich schief werden, dann muss ich sie
wieder aufrichten und dazu habe ich echt keine Lust!"
Nun wurde Jens Peter wütend. Glaubte Søren wirklich, er sei
nicht in der Lage, die Nägel richtig einzuschlagen? Vermutlich
fürchtete er nur, dass Jens Peter beim Nägeleinschlagen besser
sein könnte als er.
„Heiliger, was bist du für ein Großmaul! Du traust dich bloß
nicht, es mich ausprobieren zu lassen!"
„Bist du auf der Suche nach etwas Dresche?", drohte Søren.
„Ich habe überhaupt keine Lust, mich mit dir abzugeben",
antwortete Jens Peter.
„Dann finde ich, solltest du dich nach Hause zu Deiner Tante
trollen. Sie sehnt sich sicherlich schon nach dir!"
Nun war Jens Peter in großer Verwirrung. Wie kam er hier nur
wieder halbwegs vernünftig wieder heraus? Er nahm seinen
Mut zusammen: „ Ich kenne den Ingenieur und ich werde ihm
wohl berichten, wie schlecht du im Nägeleinschlagen bist!"
„Ja, mach du mal! Aber ich habe keine Angst davor, dass du
davon etwas haben wirst!"
Jens Peter kochte innerlich vor Wut, aber er konnte nichts
machen. „Ach herrje, bleib du mal ruhig da sitzen und
hämmer weiter. Ich habe Besseres vor." Das war das Beste,
was ihm auf die Schnelle einfiel, während er so harmlos wie
möglich davon schlenderte.

Den Rest des Tages überlegte er sich, wie er Rache nehmen
könnte. Zum Schluss kam er zu dem Resultat, dass er in

der Dunkelheit der Nacht alle Nägel von Søren wieder herausziehen könnte. So hätte dieser einen ganzen Tag gearbeitet, ohne dafür auch nur eine Öre zu bekommen. Jens Peter wollte sich davonstehlen, wenn Tante Simone schlief, und dann würde er alle Nägel mit einer Kneifzange entfernen. Er sah bereits Sørens Gesicht vor sich, wenn er das entdecken würde. Doch, das war ein guter Plan!

Tante Simone brauchte an diesem Abend sehr lange, um in den Schlaf zu fallen. Jens Peter lag und dachte, nicht nur an Søren Hat, sondern an alle seine vielen Feinde: Tante Simone, der Lehrer, der Pfarrer, „Großmutters Spinnrad", der Ingenieur und - ja, musste er nicht auch die Frau des Ingenieurs in diese Sammlung aufnehmen? Es gab da sowohl ein Für und ein Wider. Das war nicht so einfach.
Er erwachte, als es gerade anfing draussen hell zu werden. Verdammt nochmal, er war eingeschlafen. Aber die Tante schlief noch. Konnte er es nicht vor ihrem Erwachen schaffen, sich noch davonzustehlen, wenn er sich beeilte? Er steckte die Kneifzange unter sein Hemd, lief hinaus zum Steilhang, rutschte hinunter zum Strand, von wo man ihn von oben nicht sehen konnte, kletterte an der Stelle wieder hoch, wo er wusste, dass die Pfähle liegen und...
„Guten Morgen, Jens Peter!" Dort saß Søren Hat rittlings auf einem Pfahl und schlug die Nägel an ihren Platz.
„Du bist ja auch früh auf", setzte Søren fort. „Willst du nicht auch mal probieren, die Nägel einzuschlagen?"
„Nein, danke! Ich habe leider keine Zeit!" Jens Peter ärgerte sich so fürchterlich. Wie frech, ihm jetzt anzubieten, was er tags zuvor verweigert hatte! Jens Peter beeilte sich davonzukommen. Es wäre fast schief gegangen, als er den Steilhang auf dem Allerwertesten hinabrutschte. Unten am

Strand warf er Steine nach Möwen und Seeschwalben und was ansonsten noch an lebenden Geschöpfen da war. Er hätte fast eine fette, schrankartige Möwe draussen im Wasser mit der Kneifzange getroffen. Er hatte keine Lust, die Zange wieder zu holen.

Jens Peter hatte richtig schlechte Laune. Er hatte einfach kein Glück mit seiner Rache an Søren gehabt. Aber er konnte sich wohl immer noch an der Frau des Ingenieurs rächen? Sie hatte ihn aufgezogen und geärgert wegen seiner schmutzigen Füße. Jetzt sollte sie was erleben! Er würde hinaufgehen zum Haus, wenn der Ingenieur nicht zu Hause war.

Als die Zeit herannahte, ging er zunächst hinunter an den Strand, fand eine Stelle mit richtig herrlich nassem Lehm vom Fuße des Steilhangs und sprang darin lange und gründlich herum. Dann fand er eine Stelle mit Schwarzsand und bald darauf war er kohlrabenschwarz bis ein Stück über die Fußknöchel. Dann ging er hoch zum Haus und pfiff eine Melodie, während er sich näherte. Als darauf nichts passierte, fing er an zu singen.

„Du hast aber heute einen fröhlichen Tag, Jens Peter!" Die Frau des Ingenieurs öffnete die Tür. „Kommst du herein und trinkst eine Tasse Kaffee?"

Jens Peter antwortete nicht, aber guckte hinunter zu seinen Füßen.

„Ach herrje, wie du aussiehst!" Die Dame sah ganz erschrocken aus. „Du bleibst besser draussen! Ich habe eine Wanne mit Wasser. Willst du dir nicht die Füße darin waschen?"

„Ich will wohl nicht. Ich bestimme selbst, wann ich mich waschen will. Und den Kaffee kannst du auch behalten". Er wandte sich um, sehr zufrieden mit seiner Antwort. So würde sie es vielleicht mal lernen.

„Nein, ach komm doch, Jens Peter!" Die Frau des Ingenieurs rief vergeblich, zog die Schultern zusammen und ging wieder hinein.

Als Jens Peter ungefähr fünfzig Meter gelaufen war, hielt er an und schaute zurück zu der geschlossenen Tür. Er war eigentlich nicht richtig zufrieden mit sich selbst. Aber nun war es zu spät, es zu ändern. Traurig bis zum geht nicht mehr schlenderte er davon, ging hinunter zur Höhle, aber hatte überhaupt kein Vergnügen daran. Er bedauerte sich über die zwei Niederlagen des Tages. Seine Versuche, sich an seinen Feinden zu rächen, waren komplett fehlgeschlagen. So ging er denn nach Hause in die Hütte. Tante Simone war nicht zu Hause. Sie war sicher zur Cousine nach Ferring gegangen, um Kaffee zu trinken und zu klatschen, dachte Jens Peter.
Im Hühnerhof stolzierte der Hahn herum. Er sah außergewöhnlich wichtig aus und krähte zufrieden. Jens Peter hatte den Hahn noch nie besonders leiden können. Was bildete er sich ein? Ja, jetzt, wo er so darüber nachdachte, war das auch einer seiner Feinde. Schnell war er über ihm, griff ihn am Hals und bevor er das letzte Mal krähen konnte, hatte er ihm den Hals umgedreht. Der Hahn war nun ganz still und war schlaff. So legte Jens Peter ihn vorsichtig an die Stelle, an der er immer schlief und stieg selber hoch in seine Kammer.
Nun ging es ihm etwas besser. Aber nur ein wenig.

# 4. Kapitel

„Jens Peter, hast du das gesehen? Der Hahn ist tot!" Tante Simone schrie so laut, dass Jens Peter ganz erschrocken war.
„Nein, ist das wahr? Ist das eine Schande!"
„Ich verstehe das nicht!" Tante Simone fiel zurück in ihre normale Tonlage. „Der war doch so frisch wie eine Sturmmöwe gestern und nun liegt er einfach an seinem Platz und ist tot wie ein Hering!"
„Der war ja auch schon alt", sagte Jens Peter „Der ist vermutlich an Altersschwäche gestorben."
„Ja, ja, geschehen ist, was geschehen ist und nun müssen wir das Beste daraus machen. Kannst du nicht mal hoch zu Ingenieurens gehen und fragen, ob sie nicht einen herrlichen Hahn kaufen wollen? Du musst ja nicht erzählen, wie alt der war. Ja, das ist ja fast noch ein Junghahn!"
„Soll ich dann den Hahn mitnehmen?"
„Verflucht, nein. Der muss doch erst gerupft werden und du solltest auch nicht erzählen, dass er schon tot ist!"

Jens Peter hätte gerne den Gang nach „Blæsbjerg" umgangen, aber er hielt es für besser, sich der Tante zu fügen. Sie sollte nicht misstrauisch werden, dass er der Verursacher des plötzlichen Todes des Hahnes war. Er trappelte davon, aber er ging erst hinunter zum Strand, wo er sich die Füße wusch und ordentlich mit Sand abrubbelte. Als die Füße trocken waren, krabbelte er mühselig den Steilhang hinauf und klopfte an die Tür von „Blæsbjerg".

„Nein, bist du das, Jens Peter! Gut, dass du gekommen bist!" Die Frau des Ingenieurs war glücklicherweise allein zu Hause. „Ja, entschuldige bitte den Rauch in der Stube! Das war der Redakteur Larsen, der kurz vorbeikam mit seinen neuen Gedichten. Er weiß ja immer eine gute Zigarre zu schätzen und ich tatsächlich auch. Und Ingemann hat seine Pfeifen. Ja, wir sind schon ein paar Schlimme. Jetzt werden wir wohl besser mal ein paar Fenster öffnen!"

„Ich soll nur im Auftrag meiner Tante anfragen, ob ihr vielleicht einen Hahn, den wir zu viel haben, kaufen wollt. Ihr könnt ihn recht billig haben!"

„Nein, danke, wir haben bereits etwas zum Abendessen. Aber das ist sehr nett von deiner Tante, an uns zu denken! Aber weißt du was, ich wollte dich noch etwas fragen. Du weißt ja, dass uns Søren Hat dabei hilft, Nägel in die Buhnenpfähle zu schlagen, nicht wahr?"

„Das weiß ich wohl, aber er ist nicht besonders gut darin. Ich könnte das viel besser!"

„Warum glaubst du, dass du es besser kannst?"

„Ich habe ihm selbst beim Einschlagen zugesehen und sie werden schief!"

„Mein Mann ist eigentlich ganz zufrieden mit Søren. Ich glaube, du bist wohl ein wenig neidisch, was?"

Jens Peter fühlte sich nicht ganz wohl. Er entschied zu schweigen. Die Frau des Ingenieurs sah nachdenklich aus, aber dann erhellte sich ihre Miene etwas und sie sagte: „Das ist keine Frage, ob er oder du. Ihr werdet beide gebraucht. Ich glaube, dass du dich gut eignen wirst. Es kommen morgen ganz viele neue Pfähle, so viele, dass die Männer und Søren es nicht schaffen können, bis sie draussen im Wasser an ihren Platz gebracht werden. Möchtest du dir etwas Taschengeld mit dem Einschlagen von Nägeln verdienen? Du bekommst genauso viel Lohn wie Søren."

Jens Peter wurde ganz stumm. Endlich murmelte er: „Ja, das könnte gut sein."

„Du sollst ja oder nein sagen! Und dann musst du auch noch ein paar Bedingungen erfüllen. Ich kann sehen, dass du dich heute gewaschen hast, jedenfalls die Füße. Das musst du weiterhin tun! Und dann sollst du auch nicht schlecht über andere sprechen, und erst recht nicht über Søren. Er ist ein guter Junge. Und ich will auch nicht, dass du mich anlügst. Verstehst du das?"

„Ja," erwiderte Jens Peter kleinlaut. Die Sache hatte eine überraschende Wende genommen.

„Dann kannst du morgen nach der Schule anfangen. Du wirst einfach Søren folgen und es genauso machen wie er. Du bekommst deinen eigenen Hammer und dann kommt eine ganze Fuhre Nägel. Du wirst es schon schnell lernen."

„Das werde ich wohl", stammelte Jens Peter schließlich.

„Aber denk an meine Bedingungen!" Die Frau des Ingenieurs schaute ihn einen Augenblick streng an, dann sagte sie lächelnd: „Ich bin froh, dass du uns helfen wirst und es wird bestimmt alles gut gehen!"

Jens Peter fühlte sich ganz verwirrt als er nach Hause ging. Nun würde er bald ein reicher Mann sein. Er rechnete aus, wieviel er verdienen könnte und überlegte, wofür er das Geld würde gebrauchen können. Tante Simone sollte davon nichts erfahren, dann könnte er alles für sich behalten.

„Hast du den Hahn verkauft, Jens Peter?" fragte Tante Simone sogleich als er zur

*Olga im Wohnzimmer von "Blæsbjerg", um 1920. MIJF*

Tür hereinkam. „Du warst ganz schön lange weg. Worüber habt ihr denn so lange gesprochen?"

„Ach, wir sprachen einfach so über Dies und Das. Nichts besonderes. Die waren an dem Hahn nicht interessiert."

Jens Peter fühlte sich erleichtert. Die Tante hatte noch immer keinen Verdacht geschöpft wegen dem, was er mit dem dummen Hahn angestellt hatte.

Am nächsten Tag ging Jens Peter nach der Schule zum Steilhang, wo Søren bereits mit Hammer und Nägeln zugange war.

„Tach, Jens Peter. Das ist ja gut, dass ich hier nicht mehr alleine sitzen muss. Aber es sieht danach aus, dass wir richtig gut zu tun bekommen. Es ist eine ordentlich große Fuhre Pfähle und Nägel gekommen."

„Dann können wir beide ja reich werden!", sagte Jens Peter.

„Um reich zu werden, müssten wir Tag und Nacht arbeiten und, du, das halten wir sicher nicht lange aus."

„Ich werde ganz viel Geld verdienen", fuhr Jens Peter fort, „ich will ein freier Mann sein. Dann gibt es niemanden, der über mich bestimmen kann. Weder die Tante, noch der Schullehrer oder irgend jemand sonst!"

„Ja, ja, Jens Peter. Nun wirst du es als erstes einmal lernen. Schau mir gut zu, wie ich das mache."

Es dauerte nicht viele Tage, ehe Jens Peter genauso gut Nägel einschlagen konnte wie Søren Hat. Aber nun hatte er ernsthaft Geschmack am Geldverdienen entwickelt und eines Tages ging er hinunter zu den Pfählen, anstatt in die Schule. Und das machte er mehrere Male im Laufe der Woche.

An einem Tag, an dem er in der Schule hätte sein sollen, sah er die Frau des Ingenieurs auf sich zukommen. Er war kurz davor wegzulaufen, aber es war zu spät, sie hatte ihn bereits gesehen.

„Also, Jens Peter, solltest du nicht in der Schule sein?"

„Ich möchte lieber Geld verdienen. Ich lerne ja sowieso nichts in der Schule!"
„Weiß deine Tante, dass du nicht in der Schule bist?"
„Ja, das habe ich ihr erzählt", log er. „Es ist ihr egal."
„Das geht also nicht, Jens Peter. Ich habe gehört, dass du richtig tüchtig beim Einschlagen der Nägel geworden bist, aber wir beide hatten eine Absprache und nun sehe ich mich gezwungen, weitere Bedingungen zu stellen, wenn du deine Arbeit hier fortsetzen willst. Du darfst deine Tante nicht zum Narren halten und du musst zur Schule gehen - jeden Tag! Ansonsten ist hier Schluss für dich!"
Jens Peter sah keinen anderen Ausweg, als sich auf die neuen Bedingungen einzulassen.
„Du hast dich heute bestimmt auch noch nicht gewaschen!"
„Nee, ich hatte es eilig, heute Morgen loszukommen. Und außerdem müssen wir am Wasser sparen. Es ist fast nichts mehr im Brunnen."
„Aber das Meer läuft wohl nicht Gefahr auszutrocknen, was?", zog ihn die Frau des Ingenieurs auf. Jens Peter schlug einige Nägel mit besonders großer Kraft ein. War sie nun nicht bald mal fertig?
„Du musst halten, was du versprichst, Jens Peter. Ich kann es nicht leiden, dass du die Schule schwänzt und so dreckig bist. Und möchte nicht, dass du lügst!"
Jens Peter wünschte sich, er hätte sich morgens gewaschen, aber er sagte nichts.
„Ja, ja, so lassen wir es dabei. Aber ich hoffe wirklich, dass du dich änderst. Tschüß, Jens Peter!"

Endlich war er wieder allein. Besser, er würde morgen wieder zur Schule gehen, dachte er, und sich etwas mehr zu waschen. Dass er Tante Simone nicht mehr beschummeln durfte, war fast

das Schlimmste. Das mit dem Hahn wagte er jedenfalls nicht
zu sagen und das mit dem Geld...sollte er wirklich erzählen,
dass er Geld verdiente? Um letzteres musste er sich aber keine
Gedanken mehr machen, denn Tante Simone hatte durch die
Nachbarin Wind davon bekommen, dass Jens Peter Nägel,
sogar in der Schulzeit, einschlug.

Es wurde ihm zu Hause eine schreckliche Szene gemacht. Tante
Simone tobte und schrie. Sie versuchte, ihm einen Klaps zu
geben, aber er entkam ihr. Sie drohte ihm mit allem möglichen
Unheil. Er könnte in ein Kinderheim geschickt werden. Er war
zu nichts im Hause zu gebrauchen. Sie zerschliss sich selbst für
so einen Pascha!
Jens Peter teilte gleichermaßen aus. Sie sei immer sauer, egal
was er mache. Sie dachte nur an sich selbst. Sie würde für ihn
nicht mal einen Geburtstag ausrichten. Ein altes, saures Weib,
das war sie!
„Ja, du bekommst jedenfalls heute kein Abendessen mehr!"
Tante Simone ging in die Küche , stellte alles Essen in den
Küchenschrank und hängte ein Schloss davor.
„Wenn es so sein soll, dann sage ich nur tschüß und danke",
sagte Jens Peter und sprang davon, runter ins Dorf. Er hatte
bereits seinen ersten Wochenlohn erhalten und nun würde er
sich anständiges Essen besorgen.

Der Bäcker hatte noch geöffnet und er kaufte eine ganze
Stange Wienerbrød (dänisches, traditionelles Hefegebäck,
Anmerkung der Übersetzerin). Die Tante hatte sicher die Tür
hinter ihm abgeschlossen, aber das war auch egal. Er würde in
seiner Höhle schlafen.
Jens Peter fand den Weg zur Höhle. Dort saß er und naschte
von seinem Gebäck, bis ihm ganz schlecht wurde. Es hatte

ihn einiges von seinem Vermögen gekostet, aber es war
noch immer viel Geld in der Tasche. Wenn Tante Simone es
in die Finger bekäme, würde sie es ihm sicher abnehmen. Er
würde das Geld besser hier verstecken. Kein anderer kannte
diesen Ort und es wäre ganz sicher. Er grub ein Loch für den
Geldbeutel und er fand am Strand einen Stein, der genau
passend das Loch abdeckte.
Es war ein milder Sommerabend. Bevor er einschlief, dachte
er an Søren, mit dem er fast befreundet war, und an die Frau
des Ingenieurs, die wieder sehr freundlich zu ihm gewesen war,
aber auch hart an der Grenze fordernd. Er schlief in seiner
Höhle bis zum hellen Morgen.

# 5. Kapitel

Mehrere aufeinander folgende Nächte schlief Jens Peter in seiner Höhle. Er hatte keinerlei Lust, wieder nach Hause zu Tante Simone zurückzugehen. Und sie würde ihn gewiss auch nicht da haben wollen. Er hatte Geld, um sich davon Essen zu kaufen, aber er entdeckte auch, dass das sein Vermögen aufzehrte und er begann, am Essen zu sparen. Oft bekam er etwas von Sørens Pausenbrot ab, aber dennoch begann er, etwas hohlwangig auszusehen. Er begann auch zu husten. Obwohl es mitten im Sommer war und Søren ihm eine warme Decke besorgt hatte, waren die Nächte kühl. In einer Nacht mit Südwestwind und nebliger Luftströmung vom Meer, lag er und klapperte mit den Zähnen.
Aber Søren war ihm eine gute Hilfe, ein guter Kamerad. Es war gut, jemanden zum Reden zu haben, einen, auf den man sich verlassen konnte.

An einem Tag stand plötzlich Tante Simone vor Jens Peter und Søren an deren Arbeitsplatz.
„Jens Peter, nun ist es genug", sagte sie. „Nun kommst du nach Hause! So geht es nicht weiter!" Jens Peter tat so, als ob er sie nicht hörte. Er schlug weiterhin die Nägel in seinen Pfahl, so gut er es gelernt hatte.
Tante Simone griff zu Jens Peters Arm und schüttelte ihn leicht. „Wirst du wohl aufstehen!"
„Lass mich in Ruhe!" Jens Peter schob Tante Simones Arm weg und blieb sitzen, während er weiter auf seine Nägel, mehr und mehr wütend, hämmerte. Søren sagte nichts dazu, aber er betrachtete die beiden angespannt.
„Ich kann dir berichten, dass der Pfarrer bei mir war. Er ist sehr traurig darüber, was er über dich gehört hat. Er ist Vorsitzender des Vormundschaftsrates oder wie das nun heißt und er sagt, dass er es nicht zulassen kann, dass du so auf Trebe gehst.

Wenn das nicht bald aufhört, dann muss er dafür sorgen, dass
du in ein Heim für schwierige Kinder kommst!"
Jens Peter sagte weiterhin nicht eine Silbe zu seiner Tante.
Die Nägel wurden weiterhin so schnell und gründlich
eingehämmert, wie niemals zuvor. „Also, wenn du nicht hören
willst, dann musst du fühlen! Das wird für dich nicht lustig,
das sage ich dir! Du wirst es noch bereuen, wenn die Polizei
kommt, um dich abzuholen."
Er sah nicht viel, als er den Blick zu ihr hob und die drehte sich
um und ging.

„Glaubst du nicht, dass es besser wäre, jetzt nach Hause zu
gehen?", fragte Søren unsicher.
„Sie hat mir selbst die Tür vor der Nase zugeschlagen. Ich
werde nicht zu ihr angekrochen kommen!"
„Sie sagt aber, dass du gerne kommen kannst, Jens Peter!"
„Ich mache das nicht! Und das Geld ist meins! Sie ist nur hinter
meinem Geld her!"
„Was wirst du tun, wenn die Polizei kommt?"
„Dann laufe ich weg. Ich kenne viele Verstecke."
„Aber sie werden dich zum Schluss doch finden."
„Ich kann schneller laufen als die!"
„Du tickst nicht ganz richtig, Jens Peter!"
„Also, was soll das, ich hab nichts getan! Du sollst dich nicht
einmischen!"
Sie setzten ihre Arbeit fort und auch in dieser Nacht schlief Jens
Peter in seiner Höhle.

Am nächsten Vormittag stand Lehrer Nielsen vor den beiden
Jungs.
„Ah, hier sitzt ihr. Ich habe gehört, dass ihr beide richtig
tüchtige Jungs beim Einschlagen von Nägeln seid", sagte er in

einem freundlichen Tonfall. Beide Jungs schwiegen und setzten ihre Arbeit fort.

„Ja, ich bin gekommen, um mit dir zu sprechen, Jens Peter. Du kannst sicherlich erraten, worum es geht. Dumm bist du ja nicht!"

Jens Peter hämmerte, dass es nur so knallte. Der Hammer rutschte dabei von dem Nagel ab und erwischte einen Finger. Er steckte sich den Finger in den Mund, um den Schmerz zu mildern.

„Na, nun konnte man ja endlich mal was von dir hören", sagte der Lehrer.

Auch Søren hatte aufgehört zu hämmern.

„Das geht nicht, dass du dich alleine herumtreibst. Du musst nach Hause zu deiner Tante gehen. Verstehst du das?" Der Lehrer sprach nicht mehr freundlich mit Jens Peter. Dieser saugte mit aller Kraft an seinem schmerzenden Finger.

„Hörst du mir zu, du kleiner Teufel?" Jetzt war der Lehrer ganz bestimmt nicht mehr freundlich.

„Ich hab mir auf den Finger gehauen!"

„Du gehst nach Hause zu deiner Tante ehe es Abend wird! Hast du das verstanden? Wir können dich hier nicht alleine herumtreiben lassen."

„Ich treibe mich nicht herum!"

„Natürlich tust du das! Und es hilft dir auch nicht, trotzig zu sein!"

„Sie hat mich doch ausgesperrt. Ich will nicht nach Hause zu meiner Tante!"

Der Lehrer war kurz davor, nach Jens Peter zu greifen, besann sich dann aber. „Nun finde ich, du solltest versuchen ein guter Junge zu sein. Deine Tante bedauert es sehr und sie wird langsam alt und müde. Ich habe mit ihr geredet und sie weiß ganz gut, dass sie nicht immer alles so gut hinbekommt, wie sie sollte. Aber ihr müsst aufhören so starrsinnig zu sein, ihr beide. Das sagte ich auch zu deiner Tante."

„Aber es ist doch mein Geld, das ich selbst verdient habe. Sie soll es mir nicht wegnehmen!"

„Ach so! Aber Jens Peter, ich gebe dir zwei Tage alles gut zu überdenken. Wenn du bis dahin nicht nach Hause zu deiner Tante zurückgekehrt bist, wird die Sache weitergehen. Der Vormundschaftsrat und vielleicht die Polizei. Denk nun gründlich darüber nach!" Der Lehrer sah traurig aus, als er sich umdrehte und ging.

„Jens Peter, ich finde, du solltest heute Abend schon, wenn wir hier mit der Arbeit fertig sind, nach Hause gehen", sagte Søren.

„Das tut teuflisch weh, in diesem Finger." Jens Peter hatte keine Lust, mit Søren zu diskutieren. Sie arbeiteten lange in Schweigen. Als sie ihre Sachen aufräumten, sahen sie, wie die Frau des Ingenieurs auf sie zukam.

Sie sprach zuerst mit Søren, fragte wie es seinen Eltern ginge und bat ihn, sie von ihr zu grüßen. Und ob er nicht an einem Tag Lust hätte, mal auf „Blæsbjerg" vorbeizuschauen?

Jens Peter nahm schon an, dass sie gar nicht gekommen war, um mit ihm zu sprechen. Er war sogar vor kurzem am Meer gewesen, um sich zu waschen.

Endlich wandte sie sich an Jens Peter: „Sollten wir nicht gemeinsam heimwärts gehen! Wir haben doch den gleichen Weg, nicht wahr?"

Hatte Tante Simone nun auch mit der Frau des Ingenieurs gesprochen, dachte Jens Peter. Auch mit ihr! Sie verabschiedeten sich von Søren. Jens Peter konnte nicht anders, als ihr zu folgen.

„Das ist nicht gut, was du machst, Jens Peter. Du riskierst auch, richtig krank zu werden. Draussen zu schlafen, verträgst du

nicht mehr lange."
„So hör doch, es ist gar nicht kalt. Mir geht es ausgezeichnet."
„Willst du nicht lieber nach Hause gehen!"
„Es war die Tante, die mich ausgesperrt hat!"
„Ja, das hätte sie nicht tun sollen. Aber alle Menschen machen manches Mal irgendetwas verkehrt. Ich weiß, dass sie es bedauert, dass du von zu Hause weggegangen bist."
„Das kann gut sein. Aber ich weiß, dass sie hinter meinem Geld her ist und das bekommt sie also nicht."
„Jens Peter, denk nun bitte daran, dass sie dir seit vielen Jahren Essen und Kleidung und ein Bett zum Schlafen gegeben. Sie ist allmählich so alt, dass es ihr schwer fällt, die Nahrung für euch beide zu verdienen." „
Das ist nicht meine Schuld - mein Vater und meine Mutter haben mich verlassen!"

Sie setzten ihren Weg ein Stück schweigend fort. Jens Peter fühlte langsam, dass es doch besser wäre, sich zu fügen. Sie würde sonst sicherlich wieder neue Bedingungen stellen. Sie würde sicherlich verlangen, dass er unbedingt nach Hause zurückgehen müsse, wenn er weiter für das Wasserbauamt arbeiten wollte. Aber das Geld, das war seins!
„Würdest du jetzt bitte so lieb sein, nach Hause zu gehen, Jens Peter", sagte die Frau des Ingenieurs, als sie fast bei Tante Simones Hütte angelangt waren. „Wenn du es nicht tust, wirst du eine kleine ‚Bürste' und das würde ich sehr bedauern. Du darfst so oft zu uns kommen, wie du willst. Das sagt auch mein Mann. Komm und schau dir das kleine Ferkel an, dass wir bekommen haben! Und Ziegen und Enten haben wir auch. Das ist bald eine kleine Landwirtschaft! Aber vor allem haben wir ein Grammophon bekommen. Das ist so eines, dass alle mögliche Musik abspielen kann - das musst du dir anhören!

Aber jetzt gehst du nach Hause, nicht wahr!"
„Soll sie dann mein Geld bekommen?"
„Oh, ja, in jedem Fall einen Teil davon!"
„Wieviel?" Jens Peters Stimme zitterte.
„Lass uns mal überlegen. Wieviel kannst du entbehren?"
„Das weiß ich nicht!"
„Was wäre denn, wenn du ihr am Tag eine Krone bezahlen
würdest?"
„Nein, fünfzig Öre ist genug!"
„Lass uns doch fünfundsiebzig sagen. Was sagst du dazu?"
„Jeps, aber nicht sonntags. Da verdiene ich ja nichts!"
„Also wirklich, du isst doch am Sonntag genauso viel, wie
an den anderen Tagen." Die Frau des Ingenieurs lachte. Sie
einigten sich auf fünfzig Öre sonntags.
„Ich muss aber doch wohl erst ab morgen bezahlen und nicht
etwa für die vergangenen Tage?"
„Du hast für einen Jungen deines Alters schon ganz schön viel
Geld verdient, Jens Peter. Ich finde, du solltest zehn Kronen für
die Zeit, seit der du arbeitest, bezahlen!"
„Wären fünf nicht genug?", bat Jens Peter.
„Nein, nun hörst du aber auf! Zehn Kronen sind angemessen.
Deine Tante braucht sie."
Jens Peter tat sich schwer mit dem Abschied von so viel Geld,
aber er ging darauf ein.
„Wie kommst du denn ansonsten mit den Sachen voran, die
du mir versprochen hast, Jens Peter?"
„Ich gehe zur Schule, wasche mich jeden Tag, spreche nicht
schlecht über andere und ich lüge fast nie!"
„Ich habe wohl bemerkt, dass du dich beim Waschen
verbessert hast. Aber du darfst überhaupt nicht lügen!"
„Ich probierte es so gut ich kann!"
„Ja, wenn du das machst, ist das gar nicht so schlecht!

Kommst du also und besuchst uns? Du musst einfach das
Grammophon hören! Wie wäre es am Sonntag?"
„Ja, da komme ich dann!" Er blieb noch etwas stehen und
schaute ihr hinterher, als sie ihre Wanderung über die Gleise,
durch die Schlucht und hoch nach „Blæsbjerg" fortsetzte. Sie
war anders, als alle, die er kannte.

„Na, bist du da?" Tante
Simone hörte sich genauso
sauer an wie sonst auch.
Was für eine Frage. Er
hatte keine Lust darauf zu
antworten.
„Sag mir, wo du das
Geld hast!" Tante
Simone ging ohne
Umschweife auf ihr Ziel
los. Jens Peter antwortete
weiterhin nicht, „Wer hat
dich dazu bekommen,
zurückzukommen?"
„Die Frau des Ingenieurs.
Sie ist nett."
„Sagte sie dir nicht, dass
ich etwas von dem Geld
bekommen soll?"
„Nur fünfundsiebzig Öre
am Tag und fünfzig am
Sonntag. Und zehn Kronen
für die vergangene Zeit."
„Nur zehn Kronen? Du
hast über hundert verdient!

*Olga mit dem Ferkel von "Blæsbjerg", um 1920. MIJF*

Wo ist das Geld?" Diese Worte versuchte sie, in einem milderen Tonfall zu sagen.

„Das sage ich nicht!"

„Hör mir mal zu!" Tante Simone war wieder verärgert. „Du bezahlst mir zwanzig Kronen - zehn sind für den Hahn! Ich habe dich nämlich belauscht! Warst nicht du das, der dem alten Hahn das Leben nahm?".

Jens Peter erinnerte sich, was er der Frau des Ingenieurs versprochen hatte und wollte seine Tante nicht anlügen, auch wenn er sie für völlig unangemessen hielt. „Dann bekommst du das Geld, aber erst morgen, denn ich habe es nicht hier."

Tante Simone war noch immer nicht zufrieden. Sie stimmte ihren üblichen Klagegesang an. Jens Peter gab nichts darauf. Er wusste genau, was nun kam. Er schlängelte sich in einen Sessel und döste vor sich hin.

Als er erwachte, war Tante Simone fertig mit dem Schimpfen. Sie war in sich zusammengesunken und er hörte sie schnarchen. Jens Peter krabbelte die Stiege hinauf, nach oben in sein Bett. Das war nun ganz angenehm zum Darinliegen, herrlich warm im Vergleich zur Höhle im Steilhang, räumte er gegenüber sich selbst ein.

Zum Morgen hin hörte er die Stiege ganz leicht knirschen und jemand schlich sich in seine Kammer. Das war die Tante, im Frauenhemd und wollenen Unterrock, konnte er sehen, ohne die Augen ganz zu öffnen. Er lag mucksmäuschenstill, während sie begann, seine Sachen zu durchsuchen. Sie beugte sich hinunter, um unter das Bett zu schauen und in andere mögliche Verstecke.

Jens Peter lachte sich eins ins Fäustchen. Nun wurde ihr nur
die lange Nase gezeigt! Das Geld lag gut und sicher draussen
in der Höhle. Dort konnte sie es nicht finden! Zum Frühstück
servierte Tante Simone Kaffee und Vollkornbrot für Jens
Peter, bevor er zur Arbeit musste. Er bekam auch noch eine
Zwischenmahlzeit, verpackt in Zeitungspapier, mit.

Später am Tag bezahlte Jens Peter dann seine Schulden bei
Tante Simone, auch die zehn Kronen für den alten Hahn.
Am Samstag gab er ihr dann ihren Anteil von seinem
Wochenlohn.
So setzte sich das Woche für Woche fort und Jens Peter bekam
jeden Tag Essen vorgesetzt. Aber bessere Freunde wurden
Tante Simone und er nicht.

Jens Peter hatte begonnen, sich zu verändern. Er wusch sich
jeden Tag gründlich. Er ermahnte sich dessen, was er der Frau
des Ingenieurs versprochen hatte. Er ging auch häufiger mit
zu Søren. Besonders Sørens Mutter mochte er sehr. Sie redete
mit ihm über alles
mögliche und war sehr
nett zu ihm.
Jeden Sonntag ging
er zum Ingenieur und
seiner Frau und aß
mit ihnen zu Mittag.
Beim ersten Mal war
er noch etwas besorgt,
obwohl er sich reinlich
gewaschen und ein
ganz  sauberes Hemd
angezogen hatte. Aber

Die "Bürsten" beim Sonntagskaffee auf "Blæsbjerg",
um 1920. MIJF

der Ingenieur war gar nicht so schlimm, wie er im ersten
Eindruck gewirkt hatte. Er lobte ihn für seine Arbeit und er
zeigte Jens Peter das Grammophon. Jens Peter hatte noch
niemals etwas Vergleichbares gehört oder gesehen. Sie
mussten es wieder und wieder abspielen und sie amüsierten
sich.

An einigen Sonntagen kamen beide Jungs zum Ingenieurs-
paar nach „Blæsbjerg". Am Sonntag trug die Frau des
Ingenieurs immer gute Kleidung und einen lustigen Hut. Die
Jungs kamen immer in ihren besten Sachen.
„Es ist eigentlich genauso gemütlich, euch zwei Jungs zu
Besuch zu haben, wie auch, wenn die ‚Bürsten' zu uns zum
Kaffeetrinken in den Garten kommen!", sagte die Frau des
Ingenieurs.

An einem Sonntag wurden die Jungs mit zu einer Zugfahrt in
großer Gesellschaft eingeladen. Das hatte sich der Ingenieur
ausgedacht. Eine ganze Masse von Menschen, in ihrem
feinsten Sonntagsstaat, setzte sich in die offenen Waggons und
sie fuhren ganz
bis zur Station in
Vejlby, wo ihnen
Kaffee und Kuchen
gereicht wurde. Es
wehte ein leichter
Sommerwind von
West und als sie
nach Bovbjerg
zurückkehrten,
führte der
Ingenieur die

*Ein Sonntagsausflug mit dem "Bovbjergexpress",
um 1920. MIJF*

Gesellschaft an den Rand des Steilhangs. „Ich bin dieses Dreckshutes also überdrüssig!", sagte er und warf ihn über den Steilhang. Aber einige Augenblicke flog der Hut wieder zurück in seine Hände. Das war ein Trick, den er schon oft angewandt hatte und der jedes Mal glückte.

Jens Peters Vermögen wuchs und wuchs. Auch wenn er weiterhin einen Teil seines Lohnes an die Tante abgeben musste. Er genoss es sehr, in der Höhle zu sitzen und sein Geld zu zählen. Inzwischen waren es über dreihundert Kronen in Scheinen und Münzen. Besonders an den großen Scheinen konnte er sich nicht genug sattsehen, während er davon träumte, was er dafür alles bekommen könnte. Vielleicht ein Schiff! Dann würde er damit weit weg segeln und Tante Simone konnte ihn mal. Er könnte ein freier Mann werden! Eines Tages würde niemand mehr über ihn bestimmen! Dann würde er es allen zeigen!

Er zeigte Søren das viele Geld und auch wo er es versteckte. Søren war nun sein guter Freund und er hatte keine Sorge deswegen. „So viel Geld habe ich noch nie zuvor gesehen", sagte Søren. Er hatte immer fast seinen ganzen Verdienst zu Hause abgeliefert. Das war dort, in dem Haushalt mit großer Kinderschar, eine große Hilfe. „Wofür willst du es verwenden?", fragte er Jens Peter. „Tja, ich muss ja erst noch viel mehr Geld verdienen, aber dann kaufe ich mir vielleicht ein Schiff. Oder einen Leuchtturm."

„Das klingt ziemlich verrückt, finde ich. Darf ich dein Geld
zählen?"
„Ja, bitteschön! Aber pass auf, dass nichts wegfliegt!"
Søren zählte dreiundzwanzig Zehnkronenscheine. „Kannst du
mir nicht einen leihen?", fragte er.
„Wozu willst du ihn verwenden?" Jens Peter wollte eigentlich gar
kein Geld abgeben.
„Ich bin noch nie mit zehn Kronen in der Tasche unterwegs
gewesen. Nur ein paar Tage, dann bekommst du ihn wieder!"
„Nein, ich verleihe an niemanden etwas. Nicht mal an meinen
besten Freund!"
„Das ist in Ordnung. In gewisser Weise verstehe ich dich gut!"

An einem Samstag, als Jens Peter seinen Wochenlohn in seiner
‚Bank' deponieren wollte, fand er diese vollständig leer vor.
Der Stein war entfernt, aber es war keine einzige Münze zu
finden. Das Entsetzen breitete sich über Jens Peter aus. Sein
ganzes Vermögen war weg. Der Gedanke daran war nicht
auszuhalten. Könnte das Geld vielleicht heraus gefallen sein,
weil möglicherweise ein Tier da gewesen war? Er suchte auf dem
Strand, unterhalb der Höhle, aber dort war nichts zu sehen.
Es gab nur eine Möglichkeit. Es musste Søren gewesen sein.
Nur er selbst und Søren kannten das Versteck. Søren hatte sich
Geld leihen wollen, aber hatte ein Nein erhalten. Dann war
Søren also doch nicht sein bester Freund.

Jens Peter weinte, als er über den Strand ging. Er hatte auf
einmal sowohl sein Geld, als auch seinen besten Freund
verloren!
Aber das Geld wollte er zurück! Er steuerte direkt auf Sørens
Zuhause zu. Die ganze Familie war zu Hause und Jens Peter
schrie Søren an: „Gib mir mein Geld wieder! Du hast es
genommen!"

Søren war sprachlos und seine Mutter fasste sich als erste und sagte: „Was sagst du da, Jens Peter? Erzähl uns, was geschehen ist!"

„Er hat mein ganzes Geld genommen! Er war der einzigste, der wusste, wo es war!"

Sørens Vater wandte sich an Søren: „Hast du sein Geld genommen, Søren?"

„Bei meinem Ehrenwort, nein!" Søren war noch immer erschüttert über die Anschuldigung.

„Du lügst!", schrie Jens Peter.

Nun wurde Sørens Vater ärgerlich. Er ging drohend auf Jens Peter los, aber die Mutter stoppte ihn: „Lasst uns das mal ruhig angehen. Es nutzt nichts, sich zu erregen. Komm, Jens Peter, wir beide unterhalten uns jetzt mal darüber!"

Jens Peter folgte ihr nach draussen. Sie gingen den Weg entlang und Jens Peter sollte ihr alles erzählen, was er wusste. Zuletzt sagte Sørens Mutter, dass sie sich sehr ernsthaft mit Søren unterhalten würde und wenn es wirklich so sein sollte, dass Søren das Geld genommen hatte, würde sie dafür sorgen, dass er jede einzelne Öre zurückbekomme.

Jetzt war Jens Peter etwas ruhiger, aber nicht ganz. Er nahm die Richtung ,Blæsbjerg' und traf sowohl den Ingenieur und auch dessen Frau zu Hause an. Er erzählte ihnen beiden die Geschichte.

„Ich glaube also nicht, dass Søren das Geld genommen hat", meinte die Frau des Ingenieurs und der Ingenieur stimmt ihr zu: „Søren stiehlt nicht! Aber wir schauen mal, ob wir dir helfen können, den Täter zu finden."

Jens Peter blieb noch ein paar Stunden bei dem Ingenieurspaar, bis er sich wieder ganz beruhigt hatte. Sie verständigten sich darauf, dass es für die Ermittlungen besser war, wenn Jens Peter nichts von dem Diebstahl erzählte.

# 6. Kapitel

Weder Jens Peter noch Søren sprachen ein Wort, als sie sich am nächsten Tag an ihrem gemeinsamen Arbeitsplatz trafen. Sie hämmerten jeder auf ihren jeweiligen Pfahl ein und es konnte so klingen, als wetteiferten sie darum, wer die meisten Nägel einschlug. Sie schlugen im gleichen Takt und das erhellte die Stimmung. Endlich brach Søren das Schweigen: „Du glaubst doch nicht wirklich, dass ich dein Geld gestohlen habe, Jens Peter?"

„Nein, es wäre mir sehr unlieb, dass zu glauben. Aber ich war so verbittert darüber, dass es weg war, dass ich nicht richtig nachgedacht habe." Jens Peter machte eine Pause, bevor er fortfuhr: „Ich war oben beim Ingenieur. Er meinte, dass das ganz bestimmt nicht du gewesen bist und er sagte, dass er mir helfen wolle, den wahren Schuldigen zu finden. Aber wir dürfen niemandem was davon erzählen."

Etwas später kam Sørens Mutter. Sie ging direkt auf Jens Peter zu: „Ich bin jetzt vollkommen sicher, dass Søren dein Geld nicht genommen hat, Jens Peter. Wir hatten ein sehr langes Gespräch und ich bin absolut davon überzeugt, dass er die Wahrheit sagt."

„Ich glaube auch nicht mehr, dass es Søren war", antwortete Jens Peter. „Aber wer könnte es gewesen sein?"

„Ja, wenn ich das nur wüsste! Könnte es sein, dass dich jemand beobachtet hat, wie du nach dem Erhalt deines Lohnes zu deiner Höhle gegangen bist?"

„Das glaube ich nicht. Ich bin immer sehr vorsichtig gewesen und nicht den direkten Weg zur Höhle gegangen, nachdem ich Lohn bekam."

„Jemand muss dich trotzdem belauert haben", insistierte Sørens Mutter. „Aber ich bin jedenfalls froh, dass ihr wieder Freunde seid!"

Als Sørens Mutter gegangen war, sagte Jens Peter zu Søren:
„Du hast eine tolle Mutter. So eine hätte ich mir auch
gewünscht."
„Ach ja, sie ist nicht die Schlechteste. Deine Tante ist schon
schlimm, aber ich glaube, du stellst sie schlimmer dar, als sie
ist!"
„Tante Simone und ich werden niemals gute Freunde, das
kann ich dir versprechen. Dann esse ich lieber meine alte
Kappe!"
Es vergingen nur wenige Tage, dann war der Diebstahl
aufgeklärt. Einer der ‚Bürsten' machte einen ganzen Tag frei
und lud zu einem großen Fest unten auf dem Strand ein.
Das war ‚das singende Rad' mit dem etwas mehr offiziellen
Namen Jens Langelænder. Er war offenbar plötzlich zu Geld
gekommen. Als dieses dem Ingenieur zu Ohren kam, suchte
er ‚das Rad' auf.
„Sag mir doch mal, Jens, wo hast du denn das Geld her?"
Jens geriet schnell in Schwierigkeiten. Als seine erste Erklärung
zu unglaubwürdig klang, ging er zu einem Erklärversuch
über. Der Ingenieur setzte seine Befragung fort und zuletzt
verstrickte sich ‚das Rad' in lautet Widersprüche. Er ergab sich
und bekannte sich schuldbeladen zu seinem Vergehen.
„Bezahlst du das Geld zurück oder sollen wir die Polizei
einschalten, Jens?"
„Ich wäre so froh, wenn wir die Polizei aus der Sache
heraushalten könnten! Ich kann das unangetastete Geld
gleich zurückzahlen, das ist das Meiste. Es fehlen die fünfzig
Kronen, die ich gestern benötigt hatte. Die zahle ich, so
schnell ich kann."
„Sollen wir vereinbaren, dass ich die nächsten beiden Male
jeweils fünfundzwanzig Kronen von deinem Wochenlohn
einbehalte?"

„Ja, so machen wir das wohl. Es werden ganz schön schmale
Gehälter!"
„Nun, dann haben wir eine Absprache! Und hör damit auf,
solche Dummheiten nochmals zu begehen". Der Ingenieur
und ‚das Rad' gaben sich die Hand.
Jens Peter wurde nach ‚Blæsbjerg' gerufen, wo er die gute
Nachricht erfuhr. Der Ingenieur überreichte ihm sein ganzes
Vermögen abzüglich der fünfzig Kronen, die er in vierzehn
Tagen erhalten sollte. Jens Peter war heilfroh.
„Wo willst du nun dein Geld aufbewahren?", fragte der
Ingenieur.
„Das weiß ich nicht!"
„Ich finde, du solltest es deiner Tante geben, Jens Peter!"
„Nein, nie im Leben! Das mache ich nicht."
„Das mit dem Versteck in deiner Höhle geht nicht, wie du
siehst!"
„Nein, aber ich kann ein anderes Versteck finden."
„Soll ich auf dein Geld aufpassen?", fragte die Frau des
Ingenieurs.
„Ja, das darfst du gerne." Jens Peter fühlte große
Erleichterung, dass dieses Problem nun gelöst war.
Das Geld wurde mehrfach gezählt und der genaue Betrag
wurde notiert.
„Wie lange dürfen Søren und ich noch weiterhin Nägel
einschlagen?", fragte Jens Peter den Ingenieur.
„Ihr könnt in jedem Fall dabei bleiben, bis wir Winterpause
machen. Wenn es Winter wird, finden wir vielleicht auch etwas
andere Arbeit für euch. Aber es werden auch nächstes Jahr
wieder Buhnen gebaut und vielleicht auch noch länger. Ich
hoffe, dass wir genügend Geld bekommen, um bis Trans die
Arbeiten fortzuführen. Wenn nicht, stürzt die Kirche vermutlich
bald ins Meer!"

Der Ingenieur rauchte seine Pfeife und sie spielten ein wenig
auf dem Grammophon, ehe sich Jens Peter verabschiedete. Er
dachte auch daran, sich bei dem Ingenieur und seiner Frau zu
bedanken.

„Ja, du hast gewiss einiges gelernt!", sagte der Ingenieur
anerkennend.

Jens Peter eilte nun hinunter zu Søren, um die gute Nachricht
zu erzählen.

„Da bin ich aber wahrhaft froh, das zu hören! Dann bist du ja wieder reich!"

„Ja, und nun achte ich aber auf mein Geld - ja, das übernimmt ja die Dame auf ‚Blæsbjerg'. Willst du zehn Kronen leihen?"

„Nein, das ist nicht nötig. Aber danke für das Angebot!"

Eine Woche später nahm sich Jens Peter einen freien Nachmittag. Er wollte nach Lemvig. Als Søren ihn fragte, was er denn dort wolle, antwortete er bloß: „Ach, ich finde nur, dass ich mal eine ordentliche Wandertour gebrauchen könnte. In der Stadt ist auch immer etwas los!"

*Martin im Wohnzimmer von "Blæsbjerg",
um 1920. MIJF*

„Darf ich nicht mitkommen?", bat Søren.
„New, das geht nicht." Jens Peter wurde unsicher. „Ich will
auch etwas kaufen und das will ich am liebsten alleine!"
Søren ärgerte sich. Hier zu sitzen und alleine zu arbeiten war
nicht annähernd so lustig, als wären sie zu zweit. Und was
hatte Jens Peter wohl vor, wenn er nicht mitkommen durfte?

Jens Peter trottete munter los nach Lemvig. Etwas außerhalb
von Vandborg traf er eine Gänsemagd fast in seinem Alter.
Sie sah ganz verzweifelt aus. Es war ein Auto mit großer
Geschwindigkeit vorbei gefahren und die Gänse waren
aufgeschreckt nach allen Seiten weggeflogen. Ob er ihr nicht
helfen wolle, sie wieder zusammen zu treiben, fragte sie ihn.
„Nur ein paar Minuten", antwortete Jens Peter, „ich muss noch
ganz bis Lemvig und einkaufen." Letzteres sagte er nicht ohne
einen gewissen Stolz.
„Ja, dann müssen wir uns beeilen - und vielen Dank an dich!
Wie heißt du eigentlich?"
„Jens Peter!"
„Das passt gut zu dir. Ich heiße Marie!"
Jens Peter wusste nicht, warum sie das sagte, aber es ging
recht zügig, die Gänseschar wieder zusammen zu treiben. Sie
hatten sich schon fast wieder beruhigt und passten auf sich
allein auf.
Bei Houe kam ein alter Bauer, der zwei Kälber hinter sich
her zog und das sah anstrengend aus. Wenn das eine in die
Richtung wollte, entschied sich das andere für eine andere
Richtung. Und keines wollte dem Mann und seinem Weg
folgen. Er schimpfte aus vollen Lungen, aber den Kälbern war
das egal, ja, eigentlich wurden sie sogar immer wilder und
zuletzt landete er im Graben und musste die Zügel schleifen
lassen. Die Kälber stoben davon auf das Feld. Aber Jens Peter

flitzte hinterher. Bald darauf hatte er das eine eingefangen, band es an einem Pfosten an und fing dann auch das andere ein.

„Du bist ja ein munteres Kerlchen!", sagte der Mann, nachdem es gelungen war, die Tiere halbwegs zu beruhigen. „Woher kommst du?"

„Ich wohne in einem Haus gleich nördlich vom Leuchtturm Bovbjerg." Jens Peter fand nicht, dass er seine Tante erwähnen müsste.

„Das war sehr nett von dir, die durchgedrehten Kälber einzufangen. Dafür bekommst du einen Schilling, hier bitte sehr!" Der Mann fischte ein Zehnörestück aus einer kleinen Tasche am Gürtel.

„Danke! Dann kann ich in der Stadt ja richtig einen draufmachen!" Der Mann Begriff sicher nicht, dass das spöttisch gemeint war, denn er konnte ja nicht wissen, dass Jens Peter sehr viel mehr Geld bei sich hatte.

Bei Tørringhuse hielt ein Auto am Straßenrand. Das waren feine Leute, ein Mann und zwei Damen. Der Mann sah etwas ratlos aus. Er hatte die Motorhaube geöffnet und probierte hier ein wenig und dort etwas, um den Motor wieder in Gang zu setzen. Die Damen hatten sich an den Rand des Straßengrabens gesetzt und riefen dem schwitzenden Mann, der seine Jacke ausgezogen hatte, aufmunternde Kommentare zu.

„Das hilft nichts!", sagte er resignierend. „Wir werden wohl gezwungen sein, in die Stadt zu laufen. Es sind höchstens ein paar Kilometer."

„Bist du wahnsinnig!", stieß die eine Dame hervor. „Du glaubst doch wohl nicht, dass wir zwei Kilometer in der brütenden Hitze mit feinen Schuhen auf der staubigen Landstraße laufen werden!"

„Könnt ihr nicht eure Schuhe ausziehen und barfuß laufen, so
wie dieser Junge dort?" Der Mann zeigte auf Jens Peter, der
ihnen gerade entgegen kam.
„Nun hör aber auf! Du bist sowohl rücksichtslos, als auch
frech. Gib uns eine andere Lösung!" Keine der beiden Damen
sah so aus, als würde sich amüsieren.
„Vielleicht kann uns der Junge helfen!" Der Mann drehte
sich zu Jens Peter. „Wieviel Zeit benötigst, um in die Stadt zu
laufen?"
„Ich weiß nicht - zehn oder zwanzig Minuten , glaube ich."
„Willst du rasch runter zum Marktplatz gehen und uns dort
einen Wagen  bestellen? Du bekommst zwei Kronen dafür."
Das wollte Jens Peter gerne. Er musste ja ohnehin diesen
Weg nehmen und das war leicht verdientes Geld, dachte er.
Anfangs kam Jens Peter gut voran. Er wollte den feinen Leuten
zeigen, dass sie schon etwas geboten bekamen für ihr Geld.
Bald konnte er ihr Geplänkel nicht mehr hören und drosselte
sogleich die Geschwindigkeit.

Unten im Zentrum von Lemvig ging er zuerst zum Marktplatz
und fand einen Fahrer, der die drei Personen von Stande
in Tørringhuse abholen konnte. Nun würde er aber das
unternehmen, weswegen er überhaupt in die Stadt gekommen
war. Søren würde bald Geburtstag haben und er wollte ihn
mit einem schönen Geburtstagsgeschenk überraschen.
Er hatte an eine richtig Flotte Pausenbrotdose gedacht - eine
in Holz mit hübschen Verzierungen. Aber er fand in keinem
der Schaufenster eine solche und schlug sich den Gedanken
aus dem Kopf. Er ging an einem Spielwarengeschäft vorbei,
aber Søren war schon zu groß für ein Spielzeug. Endlich sah
er etwas, was zu gebrauchen sein würde, ein Schaufenster
mit einer ganzen Reihe fescher Messer. Er ging hinein und

erkundigte sich nach den Preisen für nahezu jeden Dolch.
Zuletzt entschied er sich für einen der größten und schönsten,
mit einer hübschen Klinge. Er kaufte auch einen kleineren
Dolch für sich selbst - zwei von den ganz tollen würde einfach
zuviel von seinem Kapital aufzehren.
Nun musste er nur noch ein Paar Hosenträger für sich selbst
kaufen. Alle anderen Kinder seines Alters hatten Hosenträger,
aber Tante Simone meinte, es reiche, sich einen Strick um den
Leib zu binden. Nun würde er endlich richtige Hosenträger
haben und er kaufte ein Paar sehr feine, mit kleinen Männern
darauf für ganze drei Kronen. So feine Hosenträger hatte
wohl keiner der Jungs in Ferring.

Beim Verlassen des Bekleidungsgeschäfts fiel sein Blick auf
einige schöne Umhangtücher und er bekam plötzlich eine
Idee. Er würde Tante Simone zeigen, dass er über den Dingen
stand. Er würde ihr ein Umhangtuch schenken, dann würde
sie erkennen, dass er nun die Macht besaß! Er zeigte auf eines
der Umhangtücher und fragte den Verkäufer, was es kostete.
„Zwanzig Kronen!" Jens Peter war kurz vor der Ohnmacht,
als er den Preis hörte. Aber er ließ sich nichts anmerken und
sagte dann, dass er ihn kaufen wolle.
„Hast du soviel Geld?" Der Verkäufer sah ihn zweifelnd an.
„Ja, sieh selbst!" Jens Peter zog die Scheine aus seiner Tasche
und hielt sie dem jungen Mann unter die Nase.
„Ja, danke, ich muss eben mal den Chef fragen", sagte
der Verkäufer mit einem Blick auf Jens Peters nackte Füße
gerichtet.
Der Chef kam, sah leicht verwundert auf Jens Peter und bat
ihn um seinen Namen und die Adresse, bevor er die Erlaubnis
gab, das Umhangtuch zu kaufen. Jens Peter fühlte sich nicht
wohl, als er das Geschäft mit den zwei Paketen unter dem

Arm verließ. Aber er gab sich Mühe, mit aufrechtem Gang und überlegenem Blick zu gehen.

Jens Peter hatte die Stadt kaum hinter sich gelassen, als er seinen letzten Kauf wieder bereute. Das war richtiggehend viel Geld gewesen, nur um Tante Simone zu ärgern. Aber nun würde er es nicht mehr rückgängig machen. Er hatte auf keinen Fall Lust, den beiden unangenehmen Personen aus dem Bekleidungsgeschäft nochmals zu begegnen.

Es war fast dunkel, als Jens Peter durch die schiefe Tür in das Haus von Tante Simone trat.
„Wie spät du kommst! Hast du noch bis eben gearbeitet?"
„Nein, ich bin nach Lemvig gegangen, um verschiedene Dinge zu kaufen. Bitteschön, das hier ist für dich!" Er schob das Paket mit dem Umhangtücher über den Tisch.
Tante Simone sah verwundert zu. „Was ist das nur! Willst du mir ein Geschenk geben? So hör doch, was ist das bloß?"
„Du könntest es doch einfach auspacken!"
Tante Simone zitterten die Hände, als sie das Band löste und den Inhalt auspackte.
„Also, Jens Peter! Ein Umhangtuch! Wie hübsch das ist! Ist das wirklich für mich?" Ihr Gesicht erhellte sich unter einem großen Lächeln. Jens Peter hatte sich hingesetzt und er war ganz still. Er hatte noch niemals zuvor Tante Simone derart lächeln gesehen. Er brachte es nicht über sein Herz, ihr zu sagen, dass das ein Irrtum sei.
„Also, Jens Peter, das muss ja ein ganzes Vermögen gekostet haben! So ein feines Umhangtuch habe ich noch niemals besessen. Das ist ja genauso flott, wie das, welches Oline auf dem Markt in Ramme gekauft hat!"
„Ja, ich habe es für zwanzig Kronen erworben. Aber ich habe

ja auch den ganzen Sommer über gut verdient."
„Ja, es ist gut, dass du Geld verdienst, aber du musst auch zur Schule gehen!"
„Das mache ich auch, Tante! Vier Tage die Woche."
Tante Simone legte das Tuch um und sie lächelte erneut. „Was ist es doch fein und weich. Das ist von der allerbesten Wolle." Sie ging etwas hin und her, den Kopf erhoben, so als würde sie von den Frauen von Ferring betrachtet werden. Vielleicht sollte sie am Sonntag in die Kirche gehen, einfach nur, damit alle sie damit sehen könnten.
Jens Peter war vollkommen verwirrt. Er wollte einfach weg, um die Dinge zu überdenken. „Ich gehe mal eben hoch nach Blæsbjerg!"
„Willst du denn nichts zu essen haben?"
„Nein, danke, ich bin nicht hungrig!"

*Martin mit Hut und zwei Ziegen, um 1920. MIJF*

Jens Peter grübelte, während er südlich lief. Auf die Entfernung sah er den Ingenieur vor dem Haus mit zwei Ziegen sitzen, aber er ging doch nicht dorthin. Stattdessen ging er hinunter zum Strand. Tante Simone hatte sich nicht bedankt, aber ihre Freude konnte nicht falsch verstanden werden. Das war sehr verwunderlich. Das war nicht das, was er gewollt hatte, aber nun war es so. Und vielleicht war das gar nicht so schlimm.

Er drehte sich um und setzte den Weg fort hinunter zu Søren.
Er sollte das Messer jetzt bekommen, auch wenn es noch
nicht sein Geburtstag war. Søren freute sich genauso, wie
Tante Simone sich gefreut hatte. Die zwei Jungs waren richtig
zufrieden darüber, dass sie so gut verdient hatten und sie
konnten künftig noch mehr verdienen, verabredeten sie!

Einige Tage später hatte es Jens Peter erneut nach ‚Blæsbjerg'
verschlagen. Die Frau des Ingenieurs war alleine zu Hause,
sie tranken Kaffee und spielten ein paar Platten auf dem
Grammophon. Olga rückte ihren Stuhl näher an Jens Peter
heran, schaute ihn an und fragte:
„Weißt du was! Du bist eigentlich sehr verwunderlich! Ich weiß
nicht, ob ich dich richtig verstehe!"

Jens Peter wurde verlegen. Was kam da jetzt? War es etwas
mit der Tante - und dem Geld? „Ich habe gehört, dass du
deiner Tante ein Umhangtuch gegeben hast. Wolltest du sie
damit erfreuen?"
Jens Peter wand sich. Verdammt aber auch, diese Frau
vom Ingenieur wusste aber auch alles! War sie vielleicht
Gedankenleserin? Er verschanzte sich vor einer Antwort.
„Du solltest das Geld nehmen und deiner Tante geben,
Jens Peter! Sie ist stolz auf ihr Umhangtuch und sie ist stolz
darauf, dass du gutes Geld verdienst. Sie sagt, du hast dich
verändert."
„Ich möchte ihr nicht mein Geld geben!"
„Das solltest du trotzdem tun, Jens Peter! Du kannst mit ihr
eine Vereinbarung schließen, dass du einen Teil deines Lohns
als Taschengeld behältst."
„Ja, aber, ich habe doch das Geld verdient. Kann das Geld
nicht einfach weiter bei dir verwahrt werden?"

„Natürlich hast du das Geld verdient und das hast du gut und tüchtig gemacht. Das sagen alle, auch deine Tante. Das Geld kann natürlich auch weiter hier verwahrt werden, aber richtiger wäre es, du gäbest es deiner Tante!"

Jens Peter dachte hin und her. Er wollte einerseits keinesfalls sein Geld hergeben, aber andererseits wollte er auch nicht die Frau des Ingenieurs enttäuschen. Er saß ein paar Minuten ganz still und sagte dann kaum hörbar:
„Sie kann die Hälfte bekommen. Die Hälfte von dem, was ich verdient habe, und die Hälfte von dem, was ich noch verdiene. Ist das genug?"
„Ich glaube, das wäre sehr gut! Darüber werdet Ihr euch beide freuen!"
„Muss das jetzt schon sein?", fragte Jens Peter ängstlich.
„Ja, warum nicht? Nun hole ich das Geld und dann teilen wir es in zwei Haufen und dann gehst du nach Hause zu deiner Tante mit dem einen."
Als Jens Peter mit seinem Geldbeutel nach Hause schlenderte, überlegte er, ob es immer noch angebracht war, davon zu reden, für ein Schiff zu sparen. Es würde vermutlich sehr lange Zeit dauern.

# 7. Kapitel

Ein Herbst und ein Winter vergingen. Sobald der erste Huflattich draussen auf dem Steilhang blühte, begannen Jens Peter und Søren, Nägel in neue Pfähle zu schlagen. Es war nun entschieden, dass die Buhnen weiter bis Trans gebaut werden sollten und man hatte auch begonnen darüber zu reden, dass sie weitergebaut werden müssten über Dybå bis ganz nach Fjaltring. Die ‚Bürsten' trafen allmählich ein, alt bekannte und auch neue.
Zu den beiden Jungs wurde aufgeschaut. Man konnte den Leuchtturmwärter dabei beobachten, wie er sich zum ehrenden Gruß an die Dienstmütze tippte, wenn er den beiden begegnete. Ja, sogar der Pfarrer und Lehrer Nielsen sprachen mit Hochachtung von ihnen. Viele von den Ferringjungs wünschten sich, zusammen mit den beiden beschäftigt zu werden. Aber solange es zwei so tüchtige Jungs gab, wurden andere nicht gebraucht, sagte der Ingenieur und die Vorarbeiter. Den beiden Jungs wurde nun jeden Nachmittag Kaffee serviert. Sie fanden selbst, dass das die allerbeste Zeit des Tages war.

Einige Male war es Sørens Mutter, die mit dem Kaffee kam. Sie setzte sich und leistete ihnen Gesellschaft und es geschah schon mal, dass sie sich Hammer und Nägel nahm, um zu probieren, ob sie es nicht auch lernen könnte. Das ging selten besonders gut und sie amüsierten sich darüber.
An anderen Tagen kam Tante Simone mit dem Kaffee. Sie nahm sich auch immer eine Tasse und dann wollte sie ihnen zusehen. „Was seid ihr doch tüchtig! Also, das ist ja ganz unglaublich, wie ihr das könnt!" sagte sie jedes Mal. Sie fand, dass Jens Peter es am besten konnte, aber behielt es für sich, jedenfalls immer, wenn Søren es hören konnte, denn er war auch ein guter Junge.

Es passierte auch, dass die Frau des Ingenieurs immer mal
wieder auftauchte, um nach ihnen zu sehen. Sie mochte es, mit
den beiden zu reden und die Jungs fühlten sich damit wohl.
Es gelang ihr immer, sie zum kleinen Ausruhen zu bringen
und sie erklärte ihnen, dass sie immer mal wieder kleine
Pausen einlegen sollten. Es sei nicht gut, so lange zu sitzen und
immer die gleichen Bewegungen in immer gleicher Position
auszuführen.

Nachdem sie an einem Tag gegangen war, sagte Søren: „Sie ist schon etwas drollig, die Frau des Ingenieurs!" Das war als große Anerkennung gemeint.
„Sie ist ein guter Kamerad", sagte Jens Peter. Größer konnte das nicht ausfallen.

Eines Tages kam die Frau des Ingenieurs kurz vor Feierabend. Sie und Jens Peter gingen dann gemeinsam Richtung nach Hause. „Na, Jens Peter, bist du zufrieden mit der aufgestellten Regel, die wir gefunden haben, dass du die Hälfte deines Geldes deiner Tante gibst? Oder hast du es bereut?"

*Olga mit zwei Jungs am Haus "Blæsbjerg",
um 1920. MIJF*

„Ich habe nichts bereut. Tante Simone ist so lieb geworden. Wenn ich konfirmiert bin, will ich noch mehr arbeiten und dann bekommt sie auch noch mehr."
Die Frau des Ingenieurs blickte über das Meer. „Du wirst wohl bald erwachsen sein. Und du bist fast wie das Meer, du hast Starke und Willen. Aber es ist notwendig, Buhnen zu bauen. Es gibt Kräfte, die muss man zähmen."

Sie verabschiedeten sich vor Tante Simones Haus. Er war sich nicht sicher, ob er verstanden hatte, was sie gemeint hatte. Aber es klang alles so, als ob sie mit ihm ganz zufrieden sei. Jens Peter ging hinein. Es duftete gut. Tante Simone hatte ein Huhn geschlachtet und nun war die Suppe in wenigen Augenblicken fertig. Seine Gedanken streiften den alten Hahn, dem er ein Ende seiner Tage beschert hatte.

Als er schließlich im Bett lag, dachte er, dass Tante Simone doch eigentlich gar nicht so schlimm war. Er musste zurückdenken an die Wette, die er mit Søren eingegangen war und dass er nun wohl gezwungen sein würde, seine alte Mütze zu fressen.
Er hoffte innerlich, dass Søren alles darüber vergessen hatte.

Kurz bevor er einschlief, murmelte er: „Mein Name ist JENS PETER ALEXANDER NEVSKIJ KNAK und ich kann Nägel einschlagen!"

# Eine alte Geschichte in teilweise neuem Gewand

*A. Chr. Westergaard (1888-1951), der Verfasser der so genannten Klit Per-Serie, den Büchern über Erik und Misse und vieler anderer Kinderbücher, schrieb im Jahre 1926, während er Lehrer in Fjaltring war, die Erzählung "Et skumpelskud" (eine veraltete dänische Umschreibung für "Ein Aschenbrödel").*

*Es war die Erzählung über einen elternlosen Jungen, der bei einer gefühllosen und nicht verständnisvollen Tante in Armut aufwuchs. Der Junge wurde dann zuletzt doch auf den richtigen Kurs gebracht. Das war dem Umstand einer glücklichen Begegnung mit dem genauen Gegenstück zur Tante, der einfühlsamen und verständnisvollen Frau des Ingenieurs, zu verdanken. Sie verstand es, seinen widerborstigen Trotz von einer negativen in eine positive Kraft zu verwandeln. Eine Geschichte, die auch gleichzeitig gute Einblicke in die gesellschaftlichen und sozialen Gegebenheiten an Jütlands Westküste um 1920 herum gewährt.*

*Die Erzählung "Et skumpelskud" (s. o.), die in Bovbjerg - zwischen dem Dorf Ferring und dem Leuchtturm Bovbjerg - spielt, ist eine gute Geschichte. Aber leider ist sie in einer Sprache geschrieben, die es - milde ausgedrückt - für die heutige Generation von Kindern und Jugendlichen schwer macht, dem Ganzen zu folgen. Deshalb sahen zwei Ehrenamtliche des Leuchtturms Bovbjerg, Susanne Bencke und Majken Ørnbøll, die Möglichkeit, diese Geschichte erneut zu schreiben, und zwar so, dass sie in der heutigen Zeit verstanden wird. Nicht nur allein für Kinder und Jugendliche, sondern für alle, die einen Blick für das Zeitbild, den Lokalkolorit und die gute Geschichte dahinter haben.*

*Susanne und Majken hatten ihr Projekt gerade begonnen, als Susanne vollkommen unerwartet starb. Deshalb führte Susannes hinterbliebener Mann, Karl, das Projekt mit Majken weiter. Die neue*

*Erzählung bekam den Namen "Jens Peter på Kanten" ("Jens Peter am Rande") und sie wurde im Vergleich mit ihrer literarischen Vorlage "Et skumpelskud" in vielfacher Hinsicht verändert.*

*Der Kern der Geschichte und ihre Hauptfiguren blieben doch erhalten. Das Ingenieurpaar in der Erzählung hat einen Bezug zu realen Personen, nämlich zu dem Ingenieur Martin Ingemann Johansen und seiner Ehefrau Olga Johanne. Der Ingenieur war um das Jahr 1920 herum beim Wasserbauamt beschäftigt und leitete als Projektverantwortlicher den Bau der Buhnen zum Schutz vor dem stetigen Landverlust an der Küste von Bovbjerg. Wir sind recht gut über diese beiden Personen informiert, weil uns einer ihrer Enkel, Claus Ingemann Johansen, detaillierte Einblicke in die damaligen Verhältnisse in Bovbjerg gab, vor allem durch die Sammlung einzigartiger Fotografien seines Großvaters Martin, die er in der Zeit, als er mit Olga Johanne im Holzhaus "Blæsbjerg" (zu deutsch "Windberg") westlich vom Leuchtturm Bovbjerg residierte, erstellte.*

*"Jens Peter am Rande" ist eine Übersetzung aus dem Dänischen ins Deutsche des Buches "Jens Peter på kanten" aus dem Jahr 2014, ausgeführt im Jahr 2015 von Katrin Lück, Berlin. Katrin ist seit ihrer frühen Kindheit eng verbunden mit der Gegend um den Leuchtturm von Bovbjerg. Sie hat seit 1969 einen Großteil ihrer Ferien hier verbracht und ist eine gute Freundin des Leuchtturms. Bei der Arbeit mit dem Buch ist sie außerdem eine gute Freundin von Jens Peter geworden.*

*Lene Christiansen, "Fyrmoster"*
*Leuchtturmvorsteherin, Leuchtturm Bovbjerg*

### Karl Bencke

Geboren 1943 in Ordrup bei Kopenhagen, studierte Politologie mit dem akademischen Grad cand.polit. und war früher, u. a. als Redakteur, in der Staatsverwaltung beschäftigt. Wohnt seit 2008 in Fjaltring. Ehrenamtlicher beim Leuchtturm Bovbjerg. Debüt als Autor.

### Majken Ørnbøll

Geboren 1947 in Nørrebro-Kopenhagen, ausgebildete Ergotherapeutin und Demenz-Koordinatorin. Wohnt in Holstebro und hat ein Ferienhaus in Trans. Ehrenamtliche in verschiedenen Ausschüssen des Leuchtturms Bovbjerg. Die Inspiratorin des Verfasserteams.

*Illustrationen*

*Der Hauptanteil der Fotografien auf dem Einband und im Buch stammen aus der Fotosammlung von Martin Ingemann Johansen (MIJF), aufgenommen in der Zeit seines Wirkens in Bovbjerg in den Jahren 1919-1921. Die Farbbilder auf der Rückseite des Einbandes sind von Tove Lisby. Die Vignetten stammen von Chr. Aabye, der die Erstausgabe von "Et skumpelskud" aus dem Jahre 1926 illustrierte (erschienen im Chr. Erichsens Verlag).*